よかれと思ってやったのに

男たちの「失敗学」入門

清田隆之

双葉文庫

目次

PART3 迷惑だと思われていること

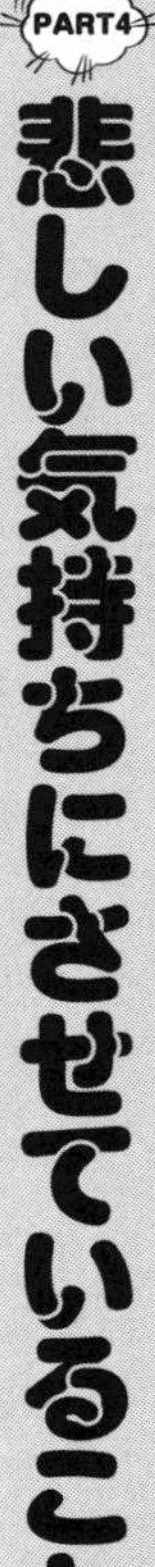

PART5
理解できないと思われていること

本文デザイン：佐藤亜沙美（サトウサンカイ）
イラスト・漫画：死後くん

はじめに――男たちの「失敗学」とは何か

突然ですが、恋人や同僚から「鼻毛が出てるよ」と指摘されたら、みなさんはどう反応するでしょうか？

（1）「いや、出てないから」と強硬な態度で否認する
（2）「あえて出してる」と屁理屈を言って突っ張る
（3）「お前もこないだ出てたし」と謎の反撃を試みる
（4）「マジで？」と指摘を受け入れ、鏡をチェックする

この4つは、実際に私が遭遇したことのある、男性たちからの代表的なリアクションです。心当たりはありましたでしょうか。それとも、また違った反応を示したりするのでしょうか。いずれにせよ（1）～（3）みたいな反応はちょっと嫌ですよね（おもしろいときもありますが……）。個人的には（4）のように、たとえ鼻毛が出ていても、相手の話

を素直に聞き入れ、自分を省みることのできる人がカッコいいなって思います。

冒頭から品のない話をしてすみません。私は〝恋バナ収集〟という、ちょっと変わった活動を行うユニット「桃山商事」の代表を務める清田と申します。桃山商事は私が大学生のときに友人たちとともに始めた活動で、これまで1200人以上の失恋話や恋愛相談に耳を傾けてきました。そして、そこから見える恋愛とジェンダーの問題をコラムやラジオで発信しています。

本書は、女性たちから聞いてきた「男に対する不満や疑問」の数々を紹介しながら、我々男性が抱える問題点について考えていくというものです。主に男性読者へ向け、「自分の内面を見つめ、〝心の身だしなみチェック〟ができるメンズを一緒に目指しませんか？」という視点で書かれていますが、女性読者にも、男性の心理や思考回路を理解するための本として役立ててもらえると思っています。

桃山商事で話を聞かせてもらうのは、異性愛者の女性が圧倒的に多数です。そしてその話の中には、さまざまな男性たちが登場します。夫や恋人、男友達や同僚、会社の上司、仕事相手、元カレ、セフレに不倫相手、合コンやマッチングアプリで知り合った男性、父親や兄弟まで……女性たちはプライベートや仕事の場面で出くわす男性たちとの関係に困惑し、不満や疑問を募らせています。悩み相談がメインなので、耳にするエピソードがどうしてもネガティブなものに偏りがちという構造はあるにせよ、こういった話を浴びるように聞く内に、私の中には「俺たち男はもっと自分を省みたほうがいいのではないか……」という思いが芽生えるようになりました。

では、その不満や疑問とは一体どんなものなのか。いくつか事例を紹介します。

結婚式の準備を丸投げしてきた夫にムカついた
職場の男性を褒めたら好意があると勘違いされた
夫に愚痴ったら話も聞かず解決策を提案してきた
会社の先輩がＳＮＳで差別的な発言をしていた
仕事で昇進したら同期の男性たちに嫉妬された
上司は間違いを指摘するとすぐに機嫌を損ねる
備品を戻さない職場の男性たちにイライラする
夫は帰宅時間の連絡をせず、いつも急に帰ってくるから困る
体調が悪くなっても彼氏や父親は病院に行きたがらない
カレーや牛丼など彼氏は同じものばかり食べている

さて、いかがでしょうか。男性にとっては耳の痛い話ばかりかもしれませんが……これらはすべて、恋愛相談の現場で耳にした女性たちの生の声です。

私の手元にはこれまで見聞きした事例をアーカイブしたメモがあるのですが、失恋、婚活、職場恋愛、夫婦生活、セックス、片想い、不倫、失言、マッチングアプリなどさまざまなジャンルがある中で、「男に対する不満や疑問」というテーマに絞ったもので約800のエピソードがあります。中にはまったく別の人から聞いたエピソードなのに、内容が驚くほど似通っているものも少なくありません。本書では、そんな〝やたら出てくる男たちの姿〟を20のテーマに分類し、それぞれの問題点や対策について考えていきます。

桃山商事がメディアで取材を受けるとき、「これまで聞いた話の中で一番すごかった相談ってなんですか？」という質問をよくされます。それは驚がくのエピソード、耳を疑うようなエピソードを期待されてのことだと思いますが、我々が見聞きするのは、先に挙げたような極めて日常的で、誰の身にも起きそうな内容の話がほとんどです。

とはいえ、これらが〝取るに足らない〟話というわけでは決してありません。恋人でも夫婦でも、あるいは友達でも同僚でも、こういった些細(ささい)な不満や疑問が少しずつ蓄積していくと、それはやがて絶望へと至ります。「コップの水があふれる」というたとえがありますが、まさにそのような感じで臨界点に達し、別れや離婚、ＬＩＮＥのブロックや心のシャットダウンという形で表面化します。そういった経験をしたことのある男性も多いのではないでしょうか（私もあります……）。たとえ表面化していなくても、「こいつ無理かも」「この人には話が通じないかも」という小さな絶望感を抱かれている可能性だって少なくありません。そう考えると、ちょっと恐ろしいですよね。

本書で紹介する事例に登場するのは、ごくごく一般的な男性たちです。具体的には、異性愛者で、自分の性別に違和感を持つこともなく、社会的に〝一般的〟とされるライフコースを歩んでいるような「マジョリティ（＝多数派）」の男性といったイメージで、それはつまり私やあなたの姿とも言えます。例えば先のエピソードを見て、みなさんにも当てはまる要素はあったでしょうか。私は思い当たる節がありすぎてお腹が痛くなっていきます。

もちろん、悪気がない場合も多いだろうし、中にはよかれと思ってやっているケースだってあると思います。また、これらは男性に限ったものではないはずだし、「男をひと括りにするな！」という声も聞こえてきそうです。しかし、女性たちから聞くエピソードの中には、このような男性たちがくり返し登場するのもまた事実です。本書では女性の目に映る男たちの姿を〝鏡〟と捉え、鼻毛や寝癖のチェックをするように、心の身だしなみチェックを推奨していきます。それが副題に「失敗学」とつけた理由です。

少し大きな話になりますが、今の時代、我々男性は「ジェンダー観のアップデート」を強く求められているように感じます。女性蔑視の表現が見られるＣＭは瞬く間に炎上し、セクハラや性暴力によって地位や知名度のある人物が次々とそのポジションを失っています。もちろん、性差別やセクハラをバンバンくり返す前時代的な男性は今どき多数派ではないと思いますが、例えば共働きで、条件的には対等なはずなのに、どこかに「家事育児は女の仕事」という意識が根深くインストールされていて、コミット不足でパートナーを苛立たせている男性は少なくないでしょう。また、何がセクハラに抵触するかわからず、女性とのコミュニケーションに怯(おび)えを感じている男性も多いはずです。

何かと「男女」の二元論で分けすぎるのもどうかと思いますし、男性だけが悪者というわけでもありません。しかし、「男だから」という謎の理由で免責されていることはたくさんあるだろうし、無自覚で鈍感な男性に対し、嘆きや怒り、絶望や諦(あきら)めを感じている女性たちは確実に増えていると、私には思えて仕方ありません。

鼻毛が出てるよと指摘されるのは確かに恥ずかしいし、プライドも傷つくでしょう。しかし、事実から目をそらし、否認や屁理屈や反撃をくり出してしまうようだと、その先に待っているのは絶望の道かもしれません。そうならないためにも、勇気を持って鏡をのぞき、見直すべきものがあればそのつどアンインストールしていく――。そんなトレーニングに、ぜひ男性のみなさんと一緒に取り組んでいけたらと思っています。各章の最後には、さまざまな角度から「男らしさ」の研究を進められている先生に教えを乞う対談も収録されていますので、こちらもぜひ参考にしていただけたらうれしいです。

そして女性のみなさんにとっては、本書が男性たちに抱いている違和感の輪郭を浮き彫りにし、身近な男性とコミュニケーションする際の手助けになればと願ってやみません。

PART1
モヤモヤ
させて
いること

小さな面倒を押し付けてくる男たち

わからないことがあっても自分で調べない

例えば仕事で、「今日の打ち合わせって何時からだっけ？」「明日って傘を持って出たほうがいいの？」「今って何時？」「何駅で乗り換えるんだっけ？」など、調べれば一瞬でわかることをいちいち聞いてくる上司や先輩に出くわしたことはありませんか？いますよね、こういう人。しかも、こっちが即答できないと「チッ、使えねえ」的な空気を出してきたり……。俺はお前の秘書じゃないし、集合場所とか待ち合わせ時間とか、そもそも自分自身で把握しておかなきゃダメなやつでしょ！ そんな憤りも覚えます。

しかし、女性たちの目には、どうもこれが〝多くの男性に共通する傾向〟と映っているようなのです。「いやいや、俺は違えし！」と反感を覚える人もいるかもしれませんが……一体これはどういうことなのか、実際に見聞きした事例を紹介しながらこの問題を掘り下げてみたいと思います。

冒頭で紹介したのは仕事の場面での話ですが、プライベートのシーンを含め、他にもこのような男性たちの姿が報告されています。

・夫は「バスタオルは？」「あのTシャツどこだっけ？」など置き場所を覚えない
・「ティッシュ持ってる？」「ハンカチある？」と聞いてくる彼氏。自分で持てや！
・同棲（どうせい）中の彼氏は何度注意しても食器の洗い方やゴミの捨て方を直そうとしない
・職場の男性たちはトイレの紙やウォーターサーバーの水を〝ちょい残し〟する
・旅行の手配や結婚式の準備を任せっきりにしてくる夫にいつもイライラしている

こうなってくると、少し胸がザワついてきませんか？ 恋バナ収集の現場ではこういった細かなエピソードが次々飛び出してくるのですが、単に交換したり捨てたりするのが面倒くさいという理由で、飲み物やトイレットペーパーなどの消耗品をちょっとだけ残しておく男たちの話は本当にあるあるレベルで聞きますし、私自身、自分では持ち歩かないくせに、妻なら持っているだろうとつい「ティッシュある？」「ハンカチ持ってない？」などと聞いてしまうことがあります。もしかしたらこれらは、広く男性に当てはまる問題なのではないか……。

それって女の人がやることでしょ？

公私を問わず、我々男性のこういった態度が女性たちの目にネガティブに映っているとしたら、どこに問題があるのか。さまざまなエピソードを眺めていると、大きく分けてふたつのポイントが浮かび上がってきます。

（1）小さな面倒を回避しようとする姿勢
（2）他人事感と性別役割分業意識

順に見ていきます。まず（1）ですが、これはわかりやすいかもしれません。調べればすぐわかること、簡単に覚えられること、仕事や日常のちょっとした手間など、そういう〝小さな面倒〟を半ば当然のように回避し、他者に押し付けようとする姿勢がすべての事例に共通しています。

こういった態度は、パソコンにおける「クラウド」や「外付けＨＤ」に置き換えるとイメージしやすいと思います。つまり、自分のパソコンにはファイルを置かず、必要なときに外部のサーバーからデータを呼び出す――。そうすれば自分のパソコンはメモリも容量も食わないし、常にサクサク動く状態をキープできます。もちろんパソコンならなんの問

“面倒回避”のメカニズム

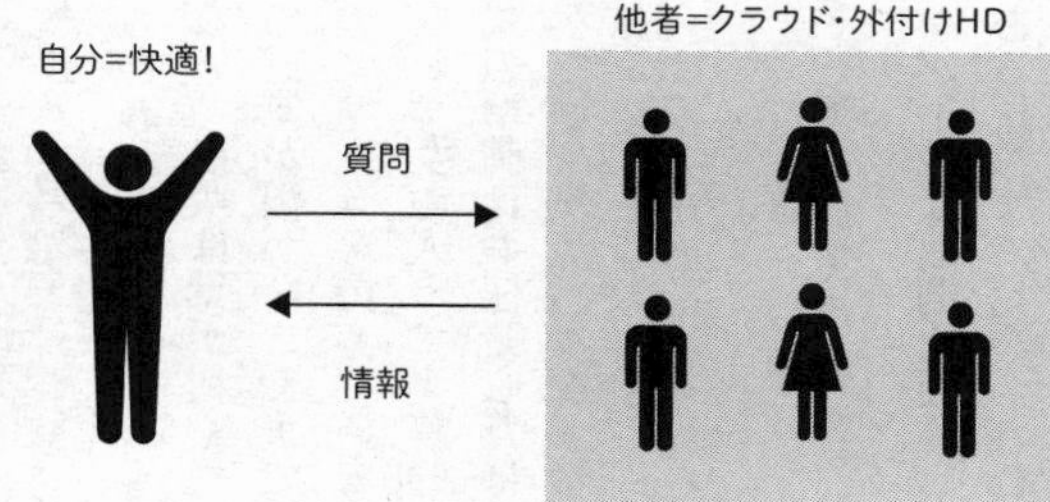

題もありませんが、ここで言うクラウドや外付けHDの役割を他者に負わせているとしたら……それはちょっと問題ですよね。

天気や時間くらい簡単に調べられるはずだし、ティッシュやハンカチだって普段からバッグに入れておけば済む話だし、今どきトイレットペーパーの交換だってほぼワンタッチでできるはず。そういった手間をそっと誰かに押し付け、自分は常に身軽でいようとする姿勢は明らかに姑息です。

次に（2）ですが、これらがおそらく根底にある意識です。他人事感とは簡単に言えば「それは俺の仕事じゃない」「俺には関係ない」という感覚のことであり、性別役割分業意識とは「それって女の人がやることでしょ？」「俺は男だからできなくても仕方ない」といった感覚のことです。

これらは無自覚な可能性が高いだけに厄介なのですが、何かと小さな面倒を回避しようとする男性の中には、おそらくこういった意識が根づいています。それは立場や関係性に由来していることもあるだろうし、性別役割（ジェンダー・ロール）から生じている場合もあると思います。

打ち合わせ場所までの行き方は部下が覚えておくべきものであって、それは俺の仕事じゃない。後輩は気が利くやつだから、頼りにしていても大丈夫。家のことは嫁が仕切っていて、俺が細かなことまで把握していなくてもしょうがない。女の子ならいつもハンカチやティッシュを持っていてあたりまえ。俺は家事が苦手だから、完璧にできなくても仕方がない。女の人って実務的なことが得意だし、いろいろ希望もあるだろうから、旅行や結婚式の準備はお任せしたほうがいい――。

どうでしょう？　みなさんの中にこういった意識（無意識？）は眠っていないでしょうか。私にも正直、思い当たる節が結構あります。

〝やってあげてる精神〟を持ってしまう危険性も

我々が小さな面倒を回避しようとするとき、おそらくその場を共有している相手には根底にある意識まで見透かされています。一つひとつは些細なことなので、回避した側に罪悪感は生じにくいですし、面倒を負わされた側も物申しづらい構造にあります。しかし、そこにあぐらをかき、他者に面倒を押し付け続けるのは、結構ヤバいことのような気がしませんか？

これまで紹介した事例の他にも、「会社の備品を補充しない」「オフィスの電話が鳴っても取ろうとしない」「エレベーターの開閉ボタンを押さない」「来客があってもお茶を出そうとしない」など、職場の男性たちに対する不満の声は山ほどありますし、「夫は子どものオムツがにおっても『うんちしてるよ〜』と言ってくるだけで腹立つ」「実家や義理の両親との交流を丸投げしてくる夫に殺意がわく」など、プライベートなシーンでもさまざまな不満を耳にします。

百歩譲って、「上司と部下」のように仕事の範囲や役割分担が明確になっていたり、立場の違いがハッキリしている場合ならば、こういった態度が許されることもあるでしょう。しかし、不満の声が上がるケースのほとんどは、担当や責任の所在が曖昧な場面で起こっている。だからモヤモヤするわけです。

そして、**面倒を回避できるのは多くの場合「優位な側」や「許される側」にいる人**です。そのポジションに立つと、何かにつけて〝やりやすさ〟がアップします（しかも知らぬ間に）。しかし、これは誰かに対する圧力（＝上司や先輩という立場が無言の圧力になっている、というような）や、他の誰かの諦め（＝この人には何を言っても無駄だから自分でやろうという諦めの結果）によって獲得した状況であることも多く、そこにあぐらをかくのはとても危険です。

さらに怖いのは、これがデフォルトになってしまうことです。基準がものすごく低めに設定されているため、ちょっとゴミ出ししただけで「俺は家事をやっているほうだ」という意識を持ったり、子どもの送り迎えを担当しているだけでイクメンを名乗ったりと、ますます尊大になっていきます。こういったポジションにいる人にとっては「本来は俺の仕事じゃないこと」をやっているわけで、いつの間にか〝やってあげてる精神〟を持ってしまったり、感謝や評価がもらえないと「わざわざやってあげたのに」「俺はこんなに頑張っているのに」と被害者意識を募らせたりすることもあるでしょう。

このようなマインドは端的に言って幼稚だし、そこまで行ってしまうと、まわりの人も諦めすら通り越し、関わることを止めてしまうかもしれません。そうならないためにも、「やれる人がやる」の原則に立ち返り、自分がやるべきこと、人に頼っていいことをしっかり見定め、手間や面倒を誰かに押し付けていないか、そのつど、想像力を働かせていく。そして相手から不満の声が上がったときは、脊髄反射で反論するのではなく、いったん正面から受け止めて自分の行いを省みる――。そういう心構えを持つことが大事ではないかと思っています。

ねえ、
僕の靴下どこだっけ？
もうそういうのはAIに聞いてよ
AI？
便利だからって買ったんでしょソレ、
いちいち私に聞かないでよ
ちぇっ キビしいぜ…
ヘイ、シリクサ、僕の靴下探してくれる？
ハイ御主人、タダイマ用意シマス
3分後…
ピンポーン
お荷物でーす！
？
ここサインおねがいします
ネットで何か買った憶えないけど…
ハイ、私が買イマシタ
気ニ入ッテ頂ケマシタカ？
えー AIが勝手に買ってるよ
しかもブランドの高いヤツ…
UMAZON
ガチャ
嫌だったら自分の靴下の場所くらい覚えといてね
じゃあいってきまーす
いってらっしゃい…

何かと恋愛的な文脈で受け取る男たち

「絶対にしない」と言い切れる男性はどれだけいるのか

・職場の男性をちょっと褒めたら、「俺に気があるのでは？」と勘違いされた
・二人きりになった途端〝オトコ〟を出してくる仕事相手がいて困っている
・クライアントと仕事の打ち上げで食事に行ったのに、いつの間にか口説かれていた
・本当は頼りたいが、誤解されるのが怖いから職場の男性に仕事の相談をしづらい
・男性上司からの恋愛アプローチを避けたら仕事で冷遇された

これらは会社で働く女性たちから聞いたエピソードの一部です。女性にとってはどれも既視感たっぷりの〝職場あるある〟ではないかと思います。このように、「何かと恋愛的な文脈で受け取る男たち」に困っている女性は昔から後を絶ちません。

こういった事例を見て、「俺は絶対にしない」と言い切れる男性はどれだけいるでしょうか？

かくいう私も20代の頃、一緒に仕事をすることの多かった同世代の女性編集者と仕事の愚痴や悩みを語り合う内に、恋愛的な勘違いをして彼女を傷つけてしまったことがあります。彼女は私に信頼を寄せてくれ、頻繁に食事をするような仲になりました。彼女には恋人がいましたが、「彼氏より俺のほうが仲良しなのでは！」とのぼせ上がった私は、ある日の食事の場で、お酒の勢いを借りて「付き合ってください」と告白しました。すると彼女は途端に表情を曇らせ、「私はそういう風に見ていない。彼氏もいるし、付き合うことはできない」と言いました。

これがきっかけで、しばらく関係がぎくしゃくしてしまいました。一緒に仕事をしても必要最低限の会話しかできなくなり、「俺はそんなに酷いことをしたのか……」と思い悩みました。その後、運良く二人きりで話せる機会があり、告白の件について謝罪すると、彼女は「信頼できる仲間だと思っていただけにショックだった」と語りました。このまま仕事がやりづらくなるのも嫌だったので、彼女には重ねてお詫びをし、なんとか普通の仕事仲間に戻ることができましたが……自分がしでかしたことの意味をちゃんと理解できたのは、もっとずっと後になってからのことでした。

「手相を見てあげる」と仕事相手から手を握られ……

職場恋愛なんてありふれているし、仕事を通じて距離が縮まり、それが恋愛関係へと発展した例も世の中には無数に存在しているでしょう。うらやましいなと思います。正直めっちゃ憧れます（フリーランスに職場恋愛なし……）。なのでそれらを否定したいわけではないのですが、一方で先のような「何かと恋愛的な文脈で受け取る男たち」に困っている女性が数多くいることも事実です。

事例に挙げた「クライアントと仕事の打ち上げで食事に行ったのに、いつの間にか口説かれていた」という会社員の女性は、そのときのことをこう語っていました。

「まだ会社に入って間もない頃、クライアントの男性から、プロジェクトの打ち上げにと食事に誘われました。二人きりだったのはちょっと気になりましたが、私としてもいい仕事になったと感じていたので、今後の仕事にもつながるかと思ってぜひと応じました。最初は仕事にまつわる意見交換をするなど和やかなムードだったのに、途中から段々おかしな空気になっていきました。手相を見てあげると手を握られたり、ヒーリングと称して二の腕を触られたり、しまいには『もっとちゃんと施術できるよ』と彼のマンションに誘われ……。怖くなって帰ってきましたが、仕事では信頼できる方だっただけにとてもショックでした」

彼女は「私もうかつだった」と振り返ります。その後、似たような出来事を何度も経験したようで、今では仕事相手の男性と意識的に距離を保つようになったとか。

「経験上、空気を変えてきたら要注意だなと思ってます。例えばそれまで会社のメールでやりとりしていたのに、いきなり携帯に電話してきたり、日頃は簡素な文体でメールをくれる人が、『今度お食事にでも……』と、少し湿度のある言葉づかいをしてきたり、そういう空気の変化には敏感になりました。仕事の話をじっくり語り合ってみたいという思いはあるのですが、何かあったら怖いなって考えると、やはり適度な距離感を保っておくほうがベターだなと。ただ、食事の誘いをやんわり断り続けていたら態度が豹変(ひょうへん)し、仕事の発注が来なくなってしまったこともあるし、それを会社の上司に相談したら『君にも隙があったのでは？』と言われたこともあり……なかなか難しい問題だなって思います」

頼むから〝普通〟のコミュニケーションを取らせて欲しい

このように、フラットに仕事相手として付き合いたいだけなのに、そこになぜか恋愛やワンチャンの空気が入り込んでくることは想像するだに面倒だと思います。また、食事の誘いを断ったことで発注を打ち切られたとしたら、それは完全なるセクハラ案件です（冒頭に挙げた「男性上司からの恋愛アプローチを避けたら仕事で冷遇された」も同様ですね）。

断ったら仕事で冷遇されるといった話はこの会社員女性に限らず、さまざまなところで耳にします。実際に桃山商事でも、恋愛相談だと思って聞いていたら仕事相手からのセクハラだったというケースが何度もありました。相談者本人ですらこれを「恋愛のいざこざ」と捉えてしまい、権力や立場が絡んだセクハラ案件であると認識していない場合も多々ありました。

セクハラはセクハラとして別途考える必要がありますが（こちらに関しては49ページからの対談も参照してみてください）、「何かと恋愛的な文脈で受け取る男たち」に困る女性たちの声を総合すると、ひとつの共通点が浮かび上がってきます。それは「**頼むから普通にコミュニケーションを取らせてくれよ……**」という思いです。

ここで言う〝普通〟とは、「関係性の枠組みやアジェンダ（議題）からはみ出ない」という意味です。職場の人間やクライアント、あるいは発注先の人などは、大前提として「仕事」という枠組みの中で発生している人間関係ですよね。その中で尊敬の念や相手を好ましく思う気持ちが生じたとしても、それはあくまで「仕事仲間として」のものだし、一緒に食事をすることがあったとしても、基本的には「仕事の話をするため」に会うわけです。

私も過去に何度も勘違いをした経験があるため、仕事相手に褒められたらうれしくなる気持ちは死ぬほどわかるし、距離が縮まったことで「これって脈ありでは⁉」とドキドキしてしまうのも痛いほどわかります。しかし、仕事という枠組みの中で起きたことを恋愛的な文脈で受け取ってしまうのは、言わば「ルール違反」に当たるはずです。「仕事の話」というアジェンダをはみ出せば、相手が「そういう話をしに来たのではない」と感じるのはごく自然なことです。それなのに、なぜか誤解をされた側が「うかつだった」と反省したり、「君にも隙があった」なんて言われてしまったりすることがあるとしたら、とても理不尽なことのように思えてきませんか？

なぜ男たちは恋愛的な勘違いをしてしまうのか？

ではなぜ、我々男性はこうした誤解や勘違いをしてしまうのでしょうか（もちろん、仕事に恋愛を持ち込むことがすべて悪いとか、勘違いするのは男性だけで、女性は常に被害者などと言いたいわけではありません。ここでは何かと恋愛的な文脈で受け取ってしまう男性心理を、当事者としての経験も踏まえて掘り下げてみたいというのが目的です）。

私はこの問題に関して、男性の多くに根づく、

（1）性別意識に囚われている
（2）恋愛的な自己評価が低い

といった傾向が背景にあるのではないかと考えています。

仕事仲間は「仕事」を媒介につながっている間柄であり、本来そこに男女の性別は関係ありません。これは「お客と店員」や「趣味の仲間」といった間柄にも言えることですが、〝主目的の元に集っている人間同士〟というのが原則のはずです。しかし、なぜかそこに性別意識を持ち込んでしまう男性は少なくないように感じます。仕事上の部下であるはずの社員を「女の子」として見てしまう。同僚である前に「男性である」という意識を捨てきれない。そういう中で、仕事で褒められたことを「男として」評価されたと感じたり、仕事の相談をしてきた相手を「女として」頼ってきていると受け取ったりしてしまう。これが（1）の概要です。

では、（2）はどういうことか。この社会には「恋愛的なアクションは男性からするべきものであり、それを女性に受け入れてもらって初めて恋愛が前に進む」という考え方がまだまだ根深く存在しています。こういった価値観においては「男＝お願いする側、女＝お願いされる側」と位置づけられているため、我々男性はなんとなく〝下〟のポジションに置かれているような感覚を持ってしまいます。極端に言えば、男性は恋愛や性に関して、女性に「嫌がられること」や「拒否されること」がデフォルトという感覚を持っているような気がするわけです。

これは無意識レベルの感覚かもしれませんが、私はこの影響がかなり大きいと考えていて、例えば女性側は何気なく褒めたつもりでも、男性側からすると「普通なら褒められるはずはないのに、わざわざ褒めてきたということは、俺のことをいいと思っているからではないか」という受け取り方になってしまったり、食事の誘いに乗ってもらえたら、それが仕事の打ち上げであっても、なぜか「1対1でご飯に行ってくれるってことは、俺のことを男として悪くは思ってないってことだよね?」という解釈になってしまったりするわけです。「何かと恋愛的な文脈で受け取る男たち」の心理的背景には、このようなメカニズムが働いているのではないかと考えています。

もしも仕事相手に恋愛感情を抱いてしまったら

では、どうすればいいのか。これまでの考察を踏まえて考えていくと、仕事や趣味の仲間といった間柄においては「関係性の枠組みをはみ出ない」「そのときのアジェンダに沿って話をする」という態度でのぞむのがベターと言えそうです。仕事のことで褒められたなら、そのままの意味でまっすぐ受け取る。仕事の話をしにご飯へ行ったのならば、基本的には仕事の話題について語り合う。これだって素敵なコミュニケーションだし、その文脈で関係を深めていくのだって十分に楽しいことだと思います。

もちろん、人間の感情はそう簡単に割り切れるものではないので、たとえ仕事の関係だとわかっていたとしても、恋愛感情や性的な欲望がわき起こってしまうことがあるのは仕方ないと思います。

ただし、もしそういう気持ちを持ってしまったとしたら、それがどういう類（たぐい）の感情なのか、まずはしっかり言語化してみることが大切です。その上で、現実的に話を進めたいと判断したら、丁寧に、かつ真正面からその旨を伝えてみる。例えば「仕事相手ということは重々承知していますが、○○さんとプライベートでお話をしてみたいと思っています。もしよかったら、今度お茶にでも

仕事相手に恋愛感情を抱いてしまったら

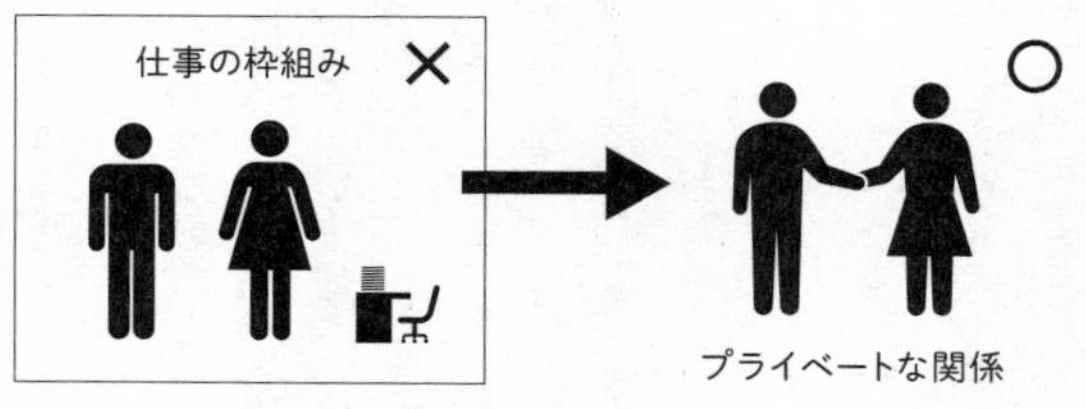

立場や利害関係のある仕事の枠組みを飛び出し、
個人と個人の関係を結びなおす

誘わせていただけませんか？」という感じで伝えてみれば、相手もその是非を判断しやすいはずです。

最も質が悪いのは、仕事にかこつけて相手を誘い出し、枠組みもアジェンダも無視して恋愛的なアプローチを仕掛けることです。なぜなら、「仕事相手だから無下にできない」という事情が絡んでくるため、相手にとって判断しづらい状況になるからです。私が仕事相手の女性に告白してしまったとき、彼女は「信頼できる仲間だと思っていただけにショックだった」と言いました。それはおそらく、こういう状況であることを理解していなかった私に対する怒りだったように思います。このような事態を避けるためにも、「これはあくまでプライベートのお誘いです」とハッキリ明示すべきでしょう。

それでダメなら、「失礼しました」と謝った上で、潔く身を引くしかありません。恋愛的なオファーを拒否されたからといって、仕事相手として拒絶されたわけではないですし、ましてや人格否定されたわけでもありません。その後も仕事上の付き合いが続くのであれば、その枠組みの中で再び信頼を獲得していけばいいだけの話です。仕事と恋愛の関係はとかく境界線が曖昧になりがちで本当に難しい問題だと思いますが……しっかりと線を引ける男性のほうがイケてるぞということで、ひとつよろしくお願いします！

決断を先延ばしにする男たち

なぜその曖昧な態度にモヤモヤさせられるのか

女性たちの恋バナに耳を傾けていると、男性の〝曖昧な態度〟に悩まされている人が少なくありません。曖昧という言葉を調べてみると、不確か、漠然、うやむや、どっちつかず、おぼろげ、要領を得ない、煮え切らない……といったものが類義語として出てきます。曖昧の本質は「いろんな意味に解釈できる（＝多義的）」というところにあるようで、それ自体は必ずしも悪いものだとは思いませんが、とかく恋愛の場面でこういった態度を取られると、モヤモヤしてしまう気持ちはとてもよくわかります。

では、女性たちをモヤモヤさせる「曖昧な態度」とは、具体的にどんなものなのか。実際に聞いた事例を紹介します。

・肉体関係が続いている相手とできれば付き合いたいが、気持ちを確認しづらい
・彼氏が予定を決めたがらない人で、特に週末などは他の用事を入れづらい

・好きな男性に告白し、NOだけど可能性もあるような返事をされ、諦められない
・夫に食べたいものを聞いても、「なんでもいい」「そっちは？」としか答えない
・長い付き合いの彼氏と結婚を考えているが、相手の意思が一向に見えずモヤつく

なんだか読んでるだけでジリジリしてきます。女性たちの恋バナに耳を傾けているところいった話を本当によく聞くため、心情的には「なんたるクソメン！」「そんなやつ別れちまえ！」と言いたくもなるわけですが……かくいう私も結婚と向き合うことを避け続けた結果、6年付き合った恋人にフラれた経験があり、偉そうなことを言う資格はありません。このような事例から見えてくるのは、「**決断を先延ばしにする男たち**」ともいうべき男性たちの姿です。

くり返しになりますが、曖昧であること自体が悪いとは思いません。どっちつかずな関係ゆえドキドキするってこともあるだろうし、さまざまな解釈の余地があるため気持ちが楽になるってことも現実にはあると思います。ただし、先の事例に出てくる男性たちの曖昧な態度は、事実として相手を苦しめたりモヤつかせたりしているわけで、やはりどこかに問題があるはず。そのポイントとなるのが「決断を先延ばしにする」という姿勢です。

決断とは、読んで字の如く「これに決める」ことであり、同時に「それ以外の選択肢を断つ」ことでもあります。さらにそれは気持ちだけの問題ではなく、具体的な行動が伴っ

て初めて成立するものです。曖昧という言葉のイメージに比べると、ずいぶんソリッドで逃げ場のない言葉に感じられますが、それはおそらく、決断には必ずリスクや負荷が伴う上、手にしている可能性を絞り込み、ときに放棄することにもなるからです。

決断しないほうがメリットも大きい？

先の事例に出てきた男性たちは、ことごとく決断から逃げているように見えます。例えば「肉体関係が続いている相手とできれば付き合いたいが、気持ちを確認しづらい」の事例で言えば、彼女がこのようなジレンマを抱えてしまっているのは、相手の男性がどういうつもりなのかがよくわからないからです。

実際のところ、彼がどう思っているかはわかりません。もしかしたらセフレのつもりでいるかもしれないし、深くは考えずにセックスだけの関係を続けているかもしれませんが、いずれにせよ意思を言葉で表すことはしていません。

二人の関係性をハッキリさせようとした場合、選択肢としては、

（1）付き合う
（2）セフレになる

（3）関係を切る

という3つの道があります。女性側は付き合いたいと思っているわけで、彼のスタンスが明確になりさえすれば、話は前に進むはずです。

恋人になる気があるなら（1）、ないなら（3）と、気持ちと行動が一致しているため、このふたつはわかりやすいですよね。問題は（2）ですが、今の状態と何が違うのかと言えば、（1）の可能性を除外するかどうかという点にあります。交際の可能性が残る中でセックスだけの関係が続いているのが現状なのに対し、（2）に決めるとは「付き合う気はないが、セックスは続けたい」というスタンスを明確に打ち出すことです。両者は決定的に異なります。

つまり、**自分のスタンスを明確に伝える（＝意思を言葉で表す）ことが決断となる**わけですが、彼はそれをせず、いろんなことを曖昧にしたまま現状維持を続けている。これでは女性側がモヤモヤするのは当たり前です。もちろん女性側も現状ハッキリとは意思表示をしていないため、彼女もまた決断を下してはいないのですが、好意を抱いている側からすれば「今の関係の先に正式な交際があるかも」という期待が残るため、たとえ現状にモヤモヤしていても自ら関係を断ち切るのはなかなか難しい道だと感じます。

もちろん彼がなんらかの決断を下すのだって、そう簡単なことではないでしょう。もし彼が現状に満足しているとしたら、(彼としては) そもそも関係性をハッキリさせる必要はないわけですし、「相手も同じ気持ちだろう」と一方的に思い込んでしまえば罪悪感のようなものも生じません。

もし (1) や (3) の決断をするとしたら、いったん自分の気持ちを整理し、話を切り出すストレスを背負い、相手がどうしたいかを確認した上で今後のことを話し合う必要が発生します。特に (3) の場合はセックスだけの関係を放棄し、相手を傷つけるのを承知の上で「恋人関係になる気はない」と伝えることを意味します。

そう考えると、このケースの男性からしたら、決断しないことのほうがコストもストレスもかからず、メリットが大きいということになりますよね。おそらく彼は、それをどこかで察知しているがゆえに曖昧な関係を続けているのだと考えられます。

これは他の事例にも通じる構造で、予定を決めたがらないのは「もしかしたら入るかもしれない他の予定」や「その日の別の使い方」といった可能性を手放したくないからだろうし、「何食べたい?」という質問に「なんでもいい」「そっちは?」と答えるのは、相手を尊重しているようにも見えますが、その実、自分の希望を表明することを避け、選択肢のリストアップやその決断を相手に丸投げすることと同義です。私がかつて恋人との結婚話を先延ばしにし続けていたのも、「まだ仕事が安定しないから」とか「稼ぎに自信がないから」とかいろんな理由を述べ立ててはいたものの、結局のところ、「結婚する可能性」と「結婚しない可能性」のどちらも捨て切れず、問題に向き合うよりもとりあえず現状維持を選ぶほうが楽だった……というのが根底にあったような気がします。

謎の余裕が土台からガラガラと崩壊する瞬間

これまで見てきたように、決断にはさまざまなリスクや負荷、また恐怖が伴います。また誰しも、手にしている可能性はなるべく保持したいと望むものです。これが「決断から逃げたがる」理由です。そこに男女差はないはずなのですが、決断しないことのメリットを享受できるのは概ね「立場的に有利な側」であることは、押さえておくべきポイントだと思います。

先の事例で言えば、3つめの女性から告白をされた男性はわかりやすいですね。彼には決定権が委ねられており、さまざまな可能性を手にしている。そんな圧倒的に有利なポジションにいるからこそ、「NOだけど可能性もあるような返事」という曖昧な態度が取れるわけです。

また結婚をめぐる状況では、妊娠のリミット意識や周囲からのプレッシャーといった要素の大きい女性側がとかく焦りを抱きやすい構造にあり、なぜか相対的に男性側が有利な立場になってしまうことが多々あるように思います（私の場合も完全にそれでした……）。

「真剣な側、切実な側が不利を被りやすい」というのは恋愛に付随する最大の理不尽のひとつですが、男性のほうが決断から逃げやすい傾向があるとすれば、背後にそういったカラクリが存在しているからだと考えられます。

決断は簡単なことじゃないし、迷うことにも、悩むことにも、また曖昧な部分を残しておくことにも、一定の価値はあるはずです。すべてを即断即決でやっていくのは不可能だし、それではあまりに味気なさすぎるようにも感じます。しかし、特に他者が関係してくる場面においては、決断しないことはしばしば「相手に対する軽視」につながります。

予定を決めたがらない人の気持ちは、正直ちょっとわかります。でも、こちらが曖昧にする分だけ相手がスケジュールを組みづらくなるのは、端的に言って迷惑ですよね。そもそも、同じことを友達や仕事相手にやるでしょうか？　日程の相談を受けて、「直前になるまでわからない」なんて態度に出たら、「じゃあ大丈夫です」と言われて終了してしまうのが関の山です。それがヤバいことだとわかっているから、おそらく友人や仕事相手にはハッキリと返事をするでしょう。一方、恋人に対して決断をせず、曖昧な態度を取れるのは、詰まるところ「恋人は自分を切り捨てないだろう」という考えが前提としてあるからです。それって要するに相手をナメてるってことですよね。

相手の時間や労力を奪っていることに無自覚なばかりか、自分の態度が暗に「あなたの優先順位は他より低い」というメッセージになってしまっていることにも気づいていない。

決断とはどういうことなのか

手にしている可能性を取捨選択し、「やること」と「やらないこと」を決め、言葉と行動で明確に表現する

こんなことが続けば相手から愛想を尽かされてしまうのも時間の問題です。余談ですが、「肉体関係が続いている相手とできれば付き合いたいが、気持ちを確認しづらい」のエピソードを語ってくれた女性は、そのあと彼に交際を申し込み、「まだよくわからない」という答えが返ってきたことをＮＯの意思表示と捉え、その瞬間に連絡先を消去して彼との関係を断ちました。曖昧な態度を続ける内に見切られてしまうことがあるとしたら、決断から逃げ続けることがちょっと怖いことに思えてきませんか？

それでも決断を求められるシーンでなかなか決断を下せないような場合は、曖昧なまま放置するのではなく、相手に迷っていることを正直に伝え、締め切りを設定したり、決断までのプロセスを共有したりするほうが、よほど誠実な態度ではないかと思います。

家族や恋人のような親密な関係において曖昧な態度を取れるのは、相手が自分に期待や好意を寄せてくれているとどこかで思っているからです。でも、それがなくなったらどうなるでしょう？　おそらくその瞬間に謎の余裕は土台からガラガラと崩壊しますよね。私の場合もそうでした。結婚話を散々先延ばしにしてきたくせに、彼女から別れを切り出された途端、突如結婚に向けた具体案を提示し、「もう遅いよ」と言われてその後3年間も失恋を引きずりました。本当に愚かだったと思いますが、後悔先に立たず……。

決断とは何もしんどいばかりじゃなく、複数の選択肢を手放すとともに、新たな可能性を手にすることでもあると思います。もっとも、決断力は一朝一夕で身につくものでもないと思うので、自分の中に「決断を先延ばしにする男」が住んでいるという自覚のある人は、小さな決断を重ねながら訓練を積んでいくことをオススメします。

人の話を聞かない男たち

とにかく話が伝わらない

あなたは人の話を聞いていますか？　こう問われて、NOと答える人はあまりいないと思います。仕事でも日常生活でも他者とのコミュニケーションは避けて通れないですし、面と向かっての会話でも、オンライン上のやりとりでも、相手の発する言葉の意味を理解しないことには意思疎通がうまく行きません。多かれ少なかれ、みんな誰かの話を聞きながら日々を暮らしているはずです。

しかし、どういうわけか女性たちからは「人の話を聞かない男たち」に関する不満や愚痴があとを絶ちません。というか、トップクラスの〝あるある〟と言っていいかもしれません。そのくらい、我々男性は人の話を聞かないと思われている……。それはこのような事例です。

・上司に仕事の相談をしたら、途中からなぜか説教や自慢話を聞かされるハメに……

・男友達と話していても、自分と関係ない話には興味を示さず、すぐ茶化してくる
・会社の後輩男子は、返事や相づちはいいけど話の趣旨をちゃんと理解していない
・夫に仕事の愚痴を聞いてもらおうとしたら、解決策をいくつも提案してきた
・彼氏に悩み相談したら「企画書にまとめてから話してくれない？」と返された

話を聞くことは一見シンプルな行為に思えますが、よく考えてみるとその定義は曖昧です。何をもって「話を聞いている」と言えるのか……。極端な話、相手の声が〝音として〞聞こえている状態などもそこに含まれるため、物理的に耳をふさぐでもしていない限り、「自分は人の話を聞いていない」という自覚を持つことは案外難しそうな気がします。自慢話をしてきた上司だって、解決策を提案した夫だって、話に興味を示さない男友達ですら、おそらく「自分は話を聞いている」と思っているはずです。でも、女性たちにはそうは思われていない。これは一体どういうことなのでしょうか。

「ちゃんと相手に話が届いていない」という感覚

事例の中の男性たちは、態度にグラデーションがありました。話に興味を示さない男友達は明らかにひどい態度ですが、返事や相づちのいい後輩は話を聞いてる風にも見えます。

また、説教してきた上司や解決策を提案してきた夫は、見方を変えれば積極的にコミットしてくれようとしているようにも見えなくありません。

このように男性たちの態度はさまざまなのですが、一方の女性たちには共通した感覚が残っていました。それは「ちゃんと話が届いていない」という感覚です。

これはかなり重要なポイントで、この問題の本質だと感じます。「話を聞く」という行為は、文法的には能動態かもしれませんが、実態としては受動的です。つまり自分だけでは成立しない行為と言えます。だから、いくら聞き手が「自分は話を聞いている」と思っていても、話し手のほうに「ちゃんと相手に話が届いた」という感覚が生まれない限り、それは話を聞いたことにならないのではないか……。そう考えると、話を聞いたかどうかは自分では決められず、相手の主観によって左右されるものと言えそうです。

では、その感覚とは一体どういうものなのでしょうか。この問題を考えるための参考事例として、5つめに挙げた〝企画書彼氏〟の詳細なエピソードをご紹介します。

これはとあるアラサー女性から聞いた話なのですが、彼女は出版社で雑誌編集者をしており、その雑誌で副編集長のポジションに昇進しました。それまでは担当企画を受け持つだけだったのが、予算の管理や編集部員たちのマネジメントなども担当することになり、多忙と混乱の日々を送っていました。彼女は久しぶりに彼氏と会ったとき、そのあたりの話を聞いてもらい、頭と心の整理をしたいと考えていました。彼氏も同じような業界で働いているため、いろいろと事情も理解してくれるはずだ。そんな思いで近況について未整理のままバーッと話してみると、なんと彼氏は、面倒くささそうな顔をしながら「それ、企画書みたいにまとめてから話してくれない？」と言い放ったのです。つまり「要約してから話してくれない？」と言っているわけですよね。これを聞いたとき、私も思わず絶句してしまいました。いやいやいや、簡単にまとまらないからあなたに話を聞いてもらおうと思ったのに……。彼女はそう感じ、絶望的な気分に陥ったそうです。

感情の共有は話を聞く上で欠かせないプロセス

企画書彼氏の態度は最低だったと思います。しかし、じゃあどう話を聞けばよかったのかを考えてみると、これもそれほど簡単な問題ではないことに気づきます。

彼女は副編集長に昇進し、仕事にやりがいと不安を感じていました。一気に増えた業務に押しつぶされそうになっている自分に不甲斐なさを抱きつつ、それを無計画に押し付けてきた上司に理不尽さも感じていました。いい企画を考えたいけど時間がない。バリバリ実績を上げたいけど体力的にきつい。編集部員たちを丁寧にケアしていきたいけど、みんな勝手なことばかり言って腹も立つ。がんばりたい、でもつらい、彼氏に会いたい、でも仕事を中途半端にはできない。アラサーだしそろそろ結婚のこともチラつく、でも今は仕事をがんばるときのような気がする……と、とにかくさまざまな感情や思いがごちゃ混ぜになり、彼女はどうしたらいいかわからなくなっていました。そんな彼女に対し、例えば「がんばって」と励ましても、なんらかの具体的なアドバイスをしても、彼女の中に「ちゃんと相手に話が届いた」という感覚が発生したかどうかはわかりません。

この例も参考にしながら「どう話を聞けばよいのか」について考えてみると、まずすべきは、相手の話に耳を傾け、そこにある複雑な感情を可能な限り理解しようと試みることであるように思います。言葉の裏側に張りついている相手の感情に目を向けないことには話が進みません。そのくらい、**感情の共有は話を聞く上で欠かせないプロセス**です。

その上で、話の内容をなるべく正確に把握していくことが求められます。このときに必要なのが「論理的に読解していく」という態度です。自分の意見や解釈をいったん除外し、相手の言葉をできるだけ言葉通りに理解していく。これは現代文の読解問題のようなものなので、言うほど簡単な行為ではないと思いますが、感情を共有し、話の内容を論理的に把握することができれば、自分と相手の間に「**同じ景色が見えている**」**という一体感**のようなものが醸成されます。女性たちの言う〝共感〟とはこのような行為を指していて、これが「ちゃんと相手に話が届いた」という感覚のベースになるものだと思います。

相手に話が通じたときの安心感

事例の男性たちが行っていた、解決策の提案、茶化し、説教、要約の要求は、それ自体が悪いことというわけではありません。問題なのは、共感のプロセスを経由しないままそれらをやってしまうことだと思われます（自分の話が届いていない相手からでは、何を言われてもあまり響きませんよね）。

逆に言えば、しっかり共感することさえできれば、その先のアクションは自ずと見えてくると言っても過言ではありません。問題の核心がわかれば解決策も見えてくるだろうし、思い詰めすぎだと判断できれば、適度に茶化すことが有効になってくるでしょう。また、その中で相手の落ち度が見えてくれば説教も効果的かもしれないし、いったん感情や状況を共有した上でなら、「要約するとこういうことだよね？」というまとめが活きてくる。

どんなに親しい人であっても、相手は自分と異なる他者です。何を感じ、何を思い、何を考えているかは、相手の話を聞いてみないことにはわかりません。ちゃんと聞いたところで完璧に理解することは不可能だと思いますが、それでも理解することを目指して耳を傾け続けることが「話を聞く」ということなのだと思います。

自分の中に存在している不定形な感情や思考が、言葉によって輪郭が与えられ、他者の中に共有される──。これは結構すごいことだし、孤独や不安を和らげてくれる効果すら

相手の話をしっかり聞くためには

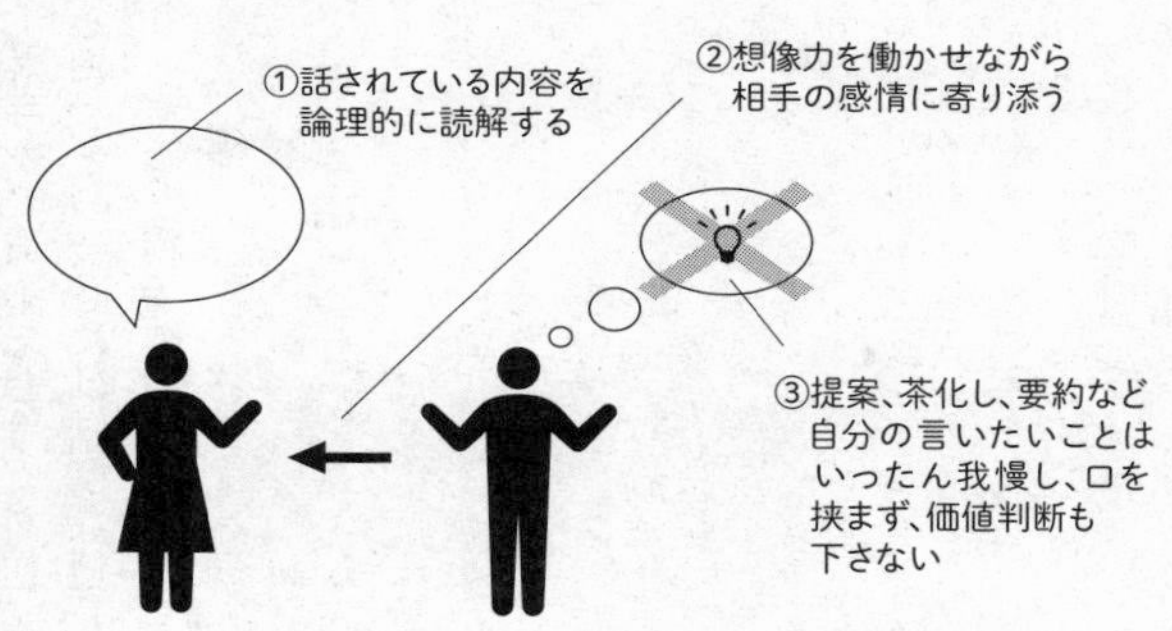
①話されている内容を
論理的に読解する
②想像力を働かせながら
相手の感情に寄り添う
③提案、茶化し、要約など
自分の言いたいことは
いったん我慢し、口を
挟まず、価値判断も
下さない

あると感じます。例えば外国でまったく言葉の通じない状況に陥ったとき、世界から断絶したような気分になったことはないでしょうか？　あるいは、大量の仕事を抱えてキャパオーバーを起こしたとき、「俺の代わりにやってみろよ！」「そしたら俺の大変さがわかるから！」なんて気持ちになったことはないでしょうか？　話が通じないことの孤独や不安は、そういう気持ちと同種類のものだと思います。相手が親しいと思っている人であるほど、話が通じなかったときの悲しみは増大するはずです。

これまで述べてきたように、話を聞くとはシンプルなようでいて難易度の高い行為です。何かを言いたくなる気持ちをいったん抑え、読解力と想像力を駆使しながら相手の感情や発している言葉の内容を正確に捉えることが求められるからです。しかし、それができるようになれば我々は「良き話し相手」になれるはず。外国で言葉の通じる人に会えたときの安心感のように、話の通じる相手との会話には結構な癒し効果があると感じます。それは説教やアドバイスなんかよりもずっと相手の力になるはずだと思うのです。

教えて、先生！

テーマ

「セクハラ」

もし自分が無自覚にセクハラをしてしまっていたら……そう考えると恐ろしいですよね。なぜセクハラ加害者に男性が多いのか。そこにはどんな背景があるのか。長年この問題の解決に取り組み、『壊れる男たち――セクハラはなぜ繰り返されるのか』などの著書もある「職場のハラスメント研究所」所長の金子雅臣さんにお話を伺います。

金子雅臣（かねこまさおみ）先生

1943年新潟県生まれ。一般社団法人「職場のハラスメント研究所」所長。労働ジャーナリスト。セクハラ問題の第一人者として執筆や講演活動に取り組む。著書に『壊れる男たち――セクハラはなぜ繰り返されるのか』（岩波新書）や『裁かれる男たち――セクハラ告発の行方』（明石書店）、『部下を壊す上司たち――職場のモラルハラスメント』（PHP研究所）などがある。

セクハラを〝男女問題〟と認識する男たち

清田　2017年にセクハラ被害を経験した女性たちが次々と声をあげる「#MeToo」ムーブメントが世界的な広がりを見せました。日本でも、性暴力被害の体験を『Black Box』（文藝春秋）につづったジャーナリストの伊藤詩織さんをはじめ、さまざまな業界で被害を受けた女性たちによる告発が相次いでいます。

金子　「#MeToo」は2018年の流行語大賞にもノミネートされましたね。

清田　これだけ「セクハラ」という言葉が広く社会に浸透している（意味や定義が正しく共有されているかは別として）にもかかわらず、いまだにセクハラ被害はなくなりません。実際に桃山商事でも、会社の上司や大学の指導教授との関係に悩む女性が相談にやって来て、よくよく話を聞いてみると「それって恋愛相談というよりセクハラ被害では……？」と思わざるを得ない場面が過去に何度もありました。

金子　わかります。男性のほうは〝男女問題〟の一種だと認識していて、被害者女性もそう思わされてしまっているけど、実態は典型的なセクハラ問題だった、というのは本当によくある話です。

清田　金子先生は長年、東京都の職員として、また「職場のハラスメント研究所」所長として、さまざまなセクハラ事案に関わられてきました。『壊れる男たち』には、これまで接してきた加害者男性たちのリアルな姿が描かれています。まったく自覚のない男、権力を使って性的関係を迫る男、めちゃくちゃな理屈で自己を正当化しようとする男など、本当に唖然（あぜん）とする事例ばかりですが、その一方で、もしかしたら同じ男性である自分の中にも似たような部分があるかも……と考えさせられる、恐ろしい本でした。

金子　この本で紹介しているのは、決して異常で特殊な男性の話ではありません。彼らはごく一般的な社会人で、どこにでもいる普通の男性たちです。だからこれは、我々男性にとって遠い世界の出来事ではないと思っています。

清田　例えば『壊れる男たち』には、広告会社に勤務する22歳の女性社員にセクハラで訴えられた男性部長（43歳）の事例が紹介されています。ある日部長は、仕事を終えてオフィスを出た女性社員をわざわざ車で追いかけ、「仕事のことで相談がある」と言って無理やり食事に連れ出す。そして帰り道に人気のない山中へと向かい、わき道に車を止め、女性社員に無理やり性的関係を迫った……という話でした。
金子　彼は嫌がる女性を強引に押さえつけ、胸や下半身にまで手を伸ばしている。しかもこの男は妻子持ちだったんですよ。
清田　完全な性暴力だと思うんですが……衝撃だったのは、女性から訴えられたというのに、部長は「初めからデートに誘った」「成り行きでそういう雰囲気になった」「結局は何もしなかったのだから何が問題なのか」という驚くべき認識を持っていたことで。
金子　私も最初に話を聞いたときは唖然としました。ただ、これはある意味、セクハラ加害者の典型的な認識パターンとも言える。つまり、仕事ではなくプライベートの領域で起きたことだと考えていて、そこに存在する〝権力構造〟には無自覚で、女性が感じた身体的恐怖をまったく想像せず、最後（挿入行為）までしなかった自分を〝理性的〟だとすら考えている――。こういう男性が本当に多いんです。
清田　この部長も実際、金子先生の質問に対して「あくまで個人的な誘いだった」「彼女は断ることもできたはず」「娘のような気持ちだったからあそこで止めた」などと答えていますもんね……。
金子　女性としては〝部長〟から言われた〝仕事〟の話だったから断れず食事に応じただけなのに、部長側はそれを「デートの誘いに乗ってくれた」と捉えていた。そこに職業上の立場が絡んでいたとはまるで認識していない。さらに、彼女が車に乗ったことを「ある程度の合意のサイン」と受け取っていて、「その気にさせたのは向こう」と、女性側にも問題があったとすら言いたげでした。
清田　めちゃくちゃな認識ですが、部長は半ば本気でそう思い込んでいたんでしょうね。

立場上の優位性に女性蔑視が加わると……

清田　金子先生の本には主に、会社の上司や経営者といった立場にある男性たちのセクハラ加害が紹介されています。我々の元に来た相談にも、加害者男性が大学の指導教授や仕事のクライアントというケースがありましたし、一連の「#MeToo」で告発された男性の中には、映画監督やプロデューサー、編集者や演出家といった人たちがいました。職業は違えど、彼らはみな権力や権限を握る立場の人ですよね。

金子　加害者となる男性たちの話を聞いていると、とにかく自分の置かれている立場をまったく理解していないことが気になります。人間関係そのものに立場や権力が絡んでいて、自分の言動がどのように受け止められることになるのか、相手がどういう気持ちになるのかという点について、あまりに鈍感なんです。だから平気で相手の意思を無視してしまうし、自分の意思を押し付けていることにまるで自覚がない。

清田　それに加え、セクハラ加害者たちは一様に女性蔑視や差別意識が強いタイプの人でしたよね。正社員はダメだけど派遣社員の女性にはセクハラしていいという感覚を持っていたり、「離婚経験のある女性は男に飢えている」というとんでもない偏見を持っていたり……。前に僕も、ライターやイラストレーター、デザイナーやミュージシャンといったフリーランスで働く女性たちのお悩みを聞き集めるイベントに出たことがあるんですが、彼女たちの中にもお客さんや仕事の発注者から性的な嫌がらせを受けた経験のある人が少なくありませんでした。例えば知り合いのフリーライター女性（20代）は、クライアントの男性（40代）からＬＩＮＥでたびたび肉体関係の誘いを受けていました（しかも「笑」を多用する冗談めかした態度で）。仕事を振ってくれる相手だから強い態度で拒否することがなかなかできない。だからやんわりスルーする。そうすると拒絶の意図が伝わらず、相手はしつこく誘ってくる……という地獄のような構造でした。それにしても、送信した内容が相手の手元に残り、公に晒されるリスクだって十分あるのに、なぜあんなにもヤバい内容のメッセージを送ってしまえるのか……。

金子　そうなんですよね。力関係で強い立場にいるという優位性に差別的な視点が加わると、相手の拒否すら合意に見えてくるという、傲慢としか言いようのない思い込みに囚われるケースが本当によく見られます。相手がハッキリNOと言わなかったり、抵抗が弱かったりということをOKのサインと見なしてしまう。それらは「女は合意をストレートに表現しないものだ」「弱い抵抗は女らしい合意の表現」などという身勝手な解釈に支えられています。人権感覚の欠如としか言いようのない話なんですが。

清田　さらに『壊れる男たち』には、事情を聞きにきた相談員の金子先生に対し、「同じ男だからわかるでしょ？」と理解を求めてくる加害者男性や、社長のセクハラを知りながらも、ニヤニヤと見て見ぬふりをした男性社員たちの姿なども描かれています。このあたりはホモソーシャル（＝男性同士の連帯）の問題とも深く関係していますよね。

金子　こういった男性たちと日々接していると、彼らは一体何を考えているのだろうか、なぜ自らの犯したセクハラを自覚できないのだろうか……という疑問が頭から離れなくなってしまったんです。男たちは壊れ始めているのではないか――。こうした加害者たちの意識を〝男性問題〟として俎上に載せない限り、問題の本質は見えてこないだろうと思って書いたのがあの本でした。

女友達のセクハラ被害に加担した過去

清田　これまでセクハラ加害者の問題点について考えてきましたが、我が身を振り返ってみると、かつてセクハラに加担し、女友達にこっぴどく怒られた経験がありまして……。20代半ばの頃、僕は大学の同級生と立ち上げた出版系の制作会社に所属していて、当時よく仕事を振ってくれていた代理店の社員さんたちと打ち上げを兼ねた忘年会をやったんです。で、その二次会のカラオケで社員さんから「誰か若い女の子呼んでよ」と言われ、同級生の女友達に電話をし、参加してもらうことになりました。彼女はノリのいい人で、カラオケも盛り上げてくれて本当にありがたかったんですが、酔っぱらった社員さんが、彼女の肩や腰に何度も手を回していたのが目につき……。

金子　それで清田さんはどうしたんですか?

清田　少し気がかりではあったんですが、空気的には盛り上がっているように感じていたし、彼女は飲み会慣れしている人だったので、適当にあしらえるだろうと思って傍観してしまったんです。そしたら飲み会のあと、「身体を触られた」「キスもされそうになった」「本当に嫌だった」とめちゃめちゃ怒られまして……。金子先生の本にも、派遣社員や離婚経験のある女性は性的なやり取りに慣れていると思い込み、「(彼女たちは)そんなことに目くじらを立てない訓練を受けている」と語る男性が登場しますよね。

金子　そうですね。

清田　そのくだりを読んだとき、あのカラオケの一件がよみがえり、自分はなんてことをしてしまったのだと激しい自己嫌悪に襲われました。おそらく彼女は、相手が友人である僕のクライアント(しかも15歳くらい上)だからということで気を遣わざるを得ず、現場で声を上げられなかったわけですよね……。

金子　そうかもしれませんね。セクハラ被害に遭った女性がその場で声を上げることは本当に難しいと思います。中には「私に隙があったからではないか」「もっと強く拒否すればよかった」と自分を責めてしまう人もいるくらいなので。

清田　当時も自分なりに謝ったんですが、自分自身も加害者側であったことや、背景に権力構造が絡んでいたことなどにはまるで無自覚だったし、彼女が心理的・身体的に感じた恐怖をリアルに想像できていたかというと、正直自信はありません。どうやったらセクハラを〝男性問題〟として捉えることができるのでしょうか……。

金子　まずは自分自身の中に眠る差別意識や加害性、現実の都合のいい解釈など、とことん自分の手でチェックしてみることが大切です。そして、自分たちの共感能力の低さや、自分たちが手にしている特権についても今一度見直してみる必要があるでしょう。それがセクハラを〝男性問題〟として捉えるためのスタートラインだと考えています。

清田　自分をチェックするということは、自分自身の内面をしっかり言語化して把握するということにもつながると思います。金子先生が本で書かれていた「男性たちが自明のものとして依拠してきたスタンダード」そのものを問い直していく作業ですよね。

昔は「セクハラ」という概念すらなかった

清田　金子先生は、まだ日本に「セクハラ」という言葉がない時代からこの問題に取り組まれています。想像するに、その時代から、しかも男性がセクハラ問題に携わるというのはかなり珍しいように感じますが、そもそものきっかけはなんだったのでしょうか。

金子　私は1970年代の後半から、東京都の職員として労働相談の問題に関わっていました。当初は窓口に来るのはほとんどが男性で、「給料をちゃんと払ってもらえない」「会社を不当な理由で解雇された」「これでは生活を支えられない」といった相談が多かった。しかし、80年代の中頃あたりから会社や役所で働く女性たちからの相談が増えてきたんです。当時は男女雇用機会均等法が施行されて少し経った頃で、それによって女性たちの権利を保障し、差別のない環境を整備していこうという機運が高まっていたのですが、そういう中でつまずいた女性たちが労働の問題を抱えて窓口へ相談にやって来るようになった。

清田　それがセクハラ問題だった？

金子　いや、内容としては不当解雇の相談が多かったんです。いわく、上司から「反抗的だ」「意欲がない」「生意気だ」「使いにくい」などと言われてクビになったと。しかし、本人たちは「男性たちよりもちゃんと仕事をしている」という自負があり、納得していない。私は「あっせん」といって、紛争当事者の間に入り、双方の言い分を聞きながら合意点を見出していく仕事を担当していまして、会社側へなぜ彼女を解雇したのか事情を聞きに行くと、「出勤もままならない」「上司からの評価が低い」「まわりからも嫌われている」といった説明が出てきた。

清田　女性側と会社側の言い分が食い違っていますね。

金子　わかりやすく正反対のことを言っているなら、「どちらかが嘘をついてるかも」と見当もつけられるのですが、双方の言い分において、一致している部分と食い違っている部分がモザイク状になっていて、非常に判断しづらかった。そういう中で、女性たちから「これは関係ない話かもしれませんが、このあいだ部長とトラブルがありまして……」なんて話が出てくるわけです。例えば「社員旅行のとき、酔っぱらっていきなり部屋に入ってきた部長を引っぱたいて追い出したら、それから会社で気まずくなってしまった」とか、そういう類の話がいろんな女性たちから出てきた。

清田　うわっ、それが解雇の原因になってそう。

金子　今の感覚ならそう考えるのが普通なんだけど、当時はセクハラという概念がなかったので、我々もそれを〝プライベートな男女問題〟

だと捉えてしまい、労働問題と結びつけて考える発想がなかった。それであまり関係ない問題として脇に置いてしまっていたんです。会社側だってそんなこと絶対に申告しませんよね。でも、中には強姦未遂みたいなとんでもない事件も起きていて、それでトラブルになって辞める女性がたくさんいたわけです。

清田　今の感覚からするとあり得ないほど理不尽な話に感じますが……当時はそういうことがざらにあったわけですね。

OKだったことがいきなりNGに

金子　そういうトラブルを起こすのは、ほとんどが社長や部長といった社内で偉い立場にある人でした。それで大きな事件にならないよう、上司の意を受けて下の者が彼女たちのことを辞めさせようとする。女性にしても、「それが理由だ」とは説明されないし、性的なことをされた恥ずかしさなどもあって声を上げることができない。仮に騒ぎ立てても「あの女は何を言ってんの？」という話になってしまう。だから表面化せず、ほとんどの女性が泣き寝入りをしていた。

清田　『壊れる男たち』には、女性社員にセクハラしたにもかかわらず、「ちょっとした男女間のスキンシップの問題」「そんなに大げさな話になってしまうのか」「いやな時代ですね」などと嘆く経営者の男性も出てきましたね。

金子　それが当時の感覚だったんですよ。でも、会社側の主張には論理的にどこか無理があるわけです。それで私も直感的におかしいなとは思っていたんですが、しばらくは受け流してしまっていた。その認識が決定的に変化したきっかけが、勉強も兼ねてサンフランシスコにあるEEOC（Equal Employment Opportunity Commission／アメリカ政府内に設置された機関で、雇用差別を抑止するための活動を行う）を訪れたときです。そこの人と雑談している際に先のような話をしたら、「それはセクシュアル・ハラスメントの典型例だ」と言われまして。それで分厚い資料を参照しながら、さまざまな事例を教えてくれたんです。

清田　そこで初めてセクハラという概念を学んだわけですね。

金子　もうね、「俺がモヤモヤ感じていたことが全部ここに載ってる！」って感じでした。当時は80年代の後半でしたが、聞けばこれはすでに世界的な共通認識で、日本はものすごく遅れていると。私はその資料をもらってきて急ぎ翻訳をしつつ、他の職員に「似たような相談を受けたことない？」と聞いてまわって事例を集めたんです。そしたら結構な件数が見つかりまして……年間で他の相談にも負けないくらいの数だった。それで、それらをまとめて「これはセクハラ問題と言います」と新聞発表したところ、全国から問い合わせが殺到した。

清田　86年に西船橋駅でストリッパーの女性が酔った男性に絡まれ、突き飛ばしたところ線路へ転落した男性が電車にひかれてしまうという事件があり、これが殺人か女性の防衛行為かで裁判になりました。この裁判で女性の支援団体が初めてセクハラという言葉を使用したんですね。89年には、セクハラ（出版社の男性編集長が、部下の女性編集者に行った性的嫌がらせ）を理由とした国内初の民事裁判が行われ、「セクシュアル・ハラスメント」は89年の流行語大賞にも選ばれています。日本でセクハラという概念が広がったのはこの頃ですね。

金子　納得のいかない理由で会社を辞めさせられた数多くの女性からの反応はもちろんのこと、これまでOKだったことがいきなりNGになったと受けとった男性たちも大騒ぎをした。大きな反響の背景には、男女双方から観点の異なるリアクションがありました。

清田　男性たちの感覚がヤバすぎますが……それが当時のリアリティだったんですね。

金子　セクハラ男性に嫌がらせという感覚はまったくなくて、むしろ「触ってあげてる」「構ってあげてる」くらいの意識でいたわけです。当時はほとんどの女性が20代の内に結婚して会社を辞めるような時代で、女性は仕事をやっていても男性より一段劣ると見なされていた。驚くべきことに、「女性は年齢が高くなると労働能力が落ちる」と裁判所が公然と言っていましたからね。まったくエビデンスもないのに……。そういう時代の中で、男性たちは触ることで女性社員とコミュニケーションを取っている、くらいの感覚だった。現代の感覚からすると想像を絶する話ですが。

清田　恐ろしいことに今なおそういう感覚を保持している人も少なくないように感じます。

彼らはなぜセクハラをしてしまうのか?

清田　先にセクハラをする男性は女性蔑視の傾向が強いという話が出ましたが、なぜ彼らは蔑む対象であるところの女性にわざわざ触ろうとするんですかね……。

金子　そういう男性にとって、職場の女性たちは〝仕事相手〟ではなく〝オンナ〟なわけです。だから、絶えず女性に性的な関心を向けているようなタイプの男性は職場でも同じようにするし、お茶くみやケアといった〝女性役割〟を期待する男性もいる。また、女性＝弱い生き物と見なしている人は、「俺が支えてあげなきゃ」という身勝手な妄想を抱いたりする。根底にはそういった意識が流れているように思います。

清田　蔑視しているからこそ、セクハラしてしまう。

金子　ただ、これらは言わば間接的な動機です。加害者男性はそこから内側、つまり「なぜ自分は触りたかったのだろう」という直接的な動機のところまで掘り下げて考えないのが難しいところで。セクハラ男性たちを見ていると、自らが抱え込んだ閉塞感や虚しさを癒し、その空虚感を女性に埋めてもらいたいという期待が見て取れる。自らと向き合うことから逃げ、埋められない空洞を他者への衝動的な攻撃で埋めようとする。それがパワハラであり、それに性的な要素が加わったものがセクハラです。しかし、当の男性たちにその自覚はない。そこにどう入っていくかが「セクハラを男性問題として捉える」ということではないかと考えています。

清田　僕個人の感覚を掘り下げてみると、特に仕事相手や女友達に性的な眼差しを向けることに過度の罪悪感を覚える傾向があって、またそういった意識を悟られることに対しても恐怖と恥ずかしさを感じるため、かなり意識的に性的な感情を抑圧している感覚があります。でもそれは、裏を返せば相手を女性として意識しすぎているために発生していることかもしれません。また女友達のセクハラ被害に加担してしまった一件では、女性を飲み会の〝盛り上げ要員〟のように捉える意識がどこかにあったため、クライアントの求めに応じて彼女を呼び出してしまったように思います……。

金子　無意識的に内面化してしまっているジェンダー意識が、最終的にとんでもない結末につながってしまうのがセクハラ事件の特徴です。スタートラインのハードルの低さと、その結果の重大さとのギャップこそ、我々男性が考えなければならないテーマだと思います。

清田　本当にそうですね……。ちなみに金子先生は、まだセクハラという言葉のない時代にあって、どうしてそれを男性問題として捉えることができたんですか？　というのも、例えば「#MeToo」や痴漢被害の話題を耳にしても、「それは一部のヤバい男がやっているだけであって、俺はそんな男じゃない」という風に他人事として捉える男性は多いですし、「むしろこの女がヤバいのでは？（＝男をえん罪に陥れようとしている！）」と、被害女性に対して疑いの目を向ける男性すら一定数いますよね。

金子　私の場合は、職業意識という側面が大きかったと思います。労働相談の現場には、男女問わずクビになったり不当な扱いを受けたりした人が来るわけです。そうなるには、それ相応の理由があるはずですよね。もしも会社側の主張に倫理的・法律的な正当性があれば、それは受け入れざるを得ないということになる。でも、理屈が通っていなければやはり疑問を持ちます。誰が来ようと理由を聞くし、その「なぜ？」の部分がおかしかったら疑問を持つ。これが私の仕事の基本的なスタンスなんですよ。

清田　なるほど。そこにある理路や論理を忠実に眺めていくことで問題を発見できたわけですね。

金子　ただ、この「感情ではなく理で考える」という態度は重要だと思っていて、例えばテレビなんかでセクハラの説明をしても、「男女がいれば性的なことが起こるのが自然」と思っている人は感情で反論してくるし、理詰めで説明しても小難しいと思われちゃうんですが、唯一『ビートたけしのTVタックル』に私が出演したとき、ビートたけしさんだけは「わかったよ金子さん、つまり俺みたいなやつがテレビ局でおねーちゃんに声をかけたら全部セクハラになるんだな」と言った。つまり、自分にはものすごい権力があって、相手はビビっちゃうから断れないという構造を、ロジックで理解してくれたわけです。

清田　バラエティ番組の現場で、しかも大御所の男性タレントがそういう風に受け取ってくれるのはなかなかレアケースですよね。

金子　男性が自ら持っている加害性を意識し、それに言及するのは簡単なことじゃないとは思います。私も当時は都庁で孤立無援だったし、「金子がいるときは気をつけよう」と面倒くさいヤツ認定もされました。つまり、〝男性仲間〟から外されたわけです。でも、ダメなものはダメと言わなきゃいけないし、男性が語らないと根本的には変わっていかない問題だと思っています。

清田　今はむしろ、昭和的セクハラおやじのようなことをするつもりは毛頭ないものの、自分の振る舞いがセクハラと受け取られたらどうしようとビクビクしている若い男性も多いと思います。その恐怖心を払拭するためにも、まずは男性自身が自分の中に根深く染みついているジェンダー意識を見つめてみることが大事だと思いました。

PART2
軽く
引かれて
いること

謝らない男たち

謝っているようで実は謝罪になっていない

彼氏、夫、父親、会社の同僚など、「謝らない男たち」の話はガールズトークにおける〝ド定番〟のひとつと言えます。ごめんが言えない、責任転嫁する、非を認めない、言い訳ばかりする……そんな男性たちの話を桃山商事でも山のように聞いてきました。かくいう自分も昔から遅刻をやらかしがちで、電車が遅れただの、出がけに電話がかかってきただの、待ち合わせ場所に到着するまでに言い訳を考えようとしてしまう癖が根深く染みついています。妻と口論になったときも、なかなか素直に謝ることができません。みなさんはいかがでしょうか。思い当たる節はあったりするでしょうか。我々が聞いてきた「謝らない男たち」にまつわるエピソードにはこのようなものがありました。

・約束に30分遅刻した彼氏が開口一番「会議が長引いて」と言い訳して腹立った
・彼氏の浮気が発覚したとき、「泊まったけどヤッてない」の一点張りだった

・上司に抗議をしたら、非を認めない上に「まあまあ」となだめられてモヤついた
・夫は私が怒るとすぐに謝る。でも原因が何か理解してない感じが余計にイラつく
・後輩男子はミスを指摘すると黙る。自分を過剰に責め始めたりもして面倒くさい

これらの事例は「男に対する不満や疑問」として聞いたものですが、中にはすぐ謝ったり、自分を責めたりする男性のエピソードも含まれています。一見するとこれらは謝罪や反省のようにも思えますよね。しかし、なぜこれがネガティブな事例として語られているのかというと、女性側が「ちゃんと謝られた感じ」を得られなかったからです。このように、謝らないこともさることながら、「**謝っているようで実は謝罪になっていない**」ケースも大きな問題です。

近年、世間を騒がす不祥事やスキャンダルが発生した際、当事者である個人や企業などが謝罪会見を開くことが定例化しています。どう説明し、どこまで謝るべきかに関しては個々の事案によって異なってくると思いますが、謝罪したのにモヤモヤしたものが残ったり、むしろ火に油を注ぐ結果になってしまったりという場合も少なくありません。こういったケースでも「謝っているようで実は謝罪になっていない」が原因になっていることが多いように思います。なぜ、こういったことが起こってしまうのでしょうか？

釈明の4タイプと判断のフロー

そもそも「謝る」とはどういうことなのでしょうか。桃山商事では以前、「恋愛における謝罪の問題」をメンバーの森田がウェブ連載（日経ウーマンオンライン『桃山商事の「恋愛ビブリオセラピー」』）で取り上げたことがあるのですが、その際に紹介した『失敗しない謝り方』（大渕憲一著、CCCメディアハウス）という本がとても参考になりました。ここでは、その書籍や森田の考察を土台に謝罪という行為について考えてみたいと思います。著者の大渕さんの専門である社会心理学において、謝罪とは「釈明行為（＝誤解や非難などに対して事情を説明して了解を求めること）」のひとつだそうです。釈明行為は他にも種類があって、「弁解」「正当化」「否認」がそれに該当します。この「釈明の4タイプ」の違いを頭に入れておくと各事例の見え方がクリアになってくると思うので、まずはそれぞれの定義を簡単に紹介します。

（1）謝罪＝単に「すみません」と言うのではなく、自分の非を認めた上で謝ること
（2）弁解＝責任を他に求めることでやむを得ない事情があったと申し開きすること
（3）正当化＝関与を認めた上で「自分は間違ったことはしていない」と主張すること
（4）否認＝そもそもその出来事に関与していないと主張すること

釈明の4タイプと判断のフロー

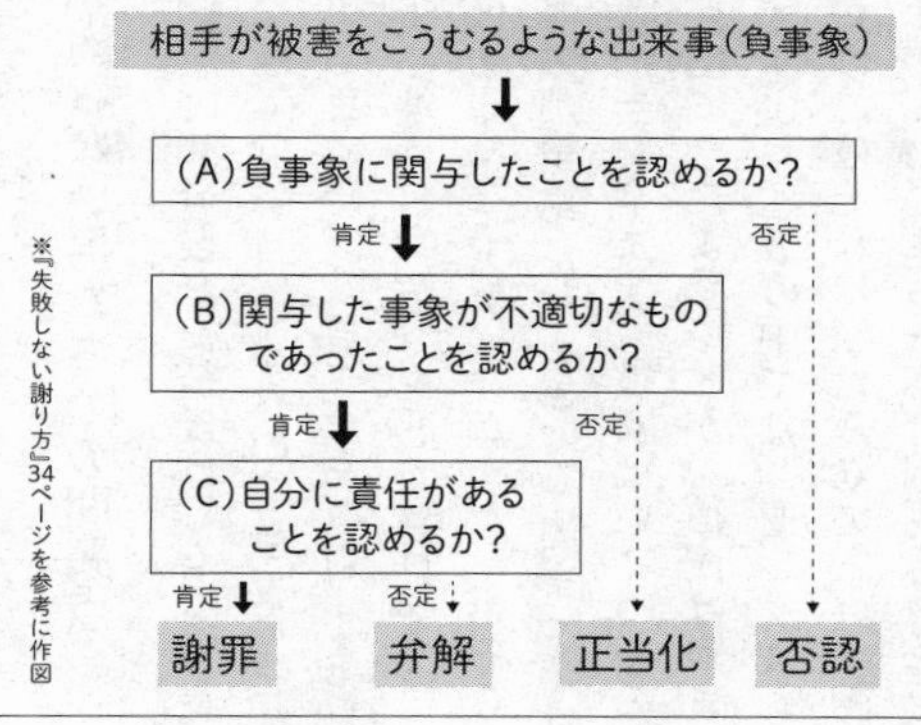

失敗や間違い、理不尽やルール違反など、相手が被害をこうむるような出来事を「負事象」と呼ぶそうですが、これらの釈明行為は「(A)負事象への関与」「(B)行為の不当性」「(C)行為に対する責任」という3要素によって区別されます。その判断のフローを示したのが上の図です。

この図を初めて見たとき、私は謝るという行為の本質が理解できたような気がして「おお!」と膝を打ちました。それと同時に、「あれは謝罪ではなく完全なる弁解だった」「あれは自分を正当化するための嘘だった」と、過去の出来事がいろいろよみがえってゾッとした気持ちになったことを覚えています(勉強になるけど恐ろしい図でもありますね……)。連載で森田は、この図を用いて謝罪に失敗したエピソードの問題点を検証していきました。それにならい、冒頭に挙げた各事例を眺めていきたいと思います。

「謝らない男たち」の問題点

約束に30分遅れた彼氏は、会議が長引いたことを遅刻の言い訳として述べました。遅刻という「(A) 負事象への関与」や、待たせたという「(B) 行為の不当性」は認めていると思いますが、「(C) 行為に対する責任」は長引いた会議にあると主張しているわけで、つまり彼は「弁解」をしたわけです。「遅れてごめん」とは言ったようですが、構造としては謝罪になっていなかった。おそらくここにモヤモヤの原因があるはずです。

浮気が発覚したときに「泊まったけどヤッてない」と主張した彼氏は、おそらく「否認」に当たります。彼女はいくつかの状況証拠から浮気を確信し、問い詰めた結果この言葉が出てきたようですが、彼氏はつまり「ヤッてないから浮気ではない」と言っているわけですよね。彼の中では「セックス」こそが浮気(=負事象)であり、別の女性と外泊しただけではそれに当たらないという認識になっている。ずいぶんアクロバティックな理屈ですが……これも一応は釈明行為として成立しているのかもしれません。

他の3つはちょっと複雑です。非を認めなかった上司は「正当化」に当たると思われますが、それで終わらず、「まあまあ」となだめてきている。これは「気にしすぎだよ」「怒るなよ」と言っているに等しく、まるでクレームを入れた側の感覚がおかしいと言わんばかりの行為です。この女性がモヤモヤしたのも当然です。

また、怒られるとすぐに謝る夫は、一応〝謝罪〟という形式は取っているものの、(A)も(B)も(C)も、何をどこまで認めているのかまるで見えてきません。これはミスを指摘されて黙り込む後輩男子にも当てはまって、彼もまた、「自分を責める(=責任を認める)」ポーズを取りつつ、関与も不当性も責任もハッキリとは認めていない。それどころか暗に慰められることすら期待しているようにも見え、「面倒くさい」という女性側の気持ちもわかる気がします。

このように、先の図に照らしてみると各事例の構造が浮かび上がってきます。それぞれ取っていた態度は異なりますが、すべてに共通している点がひとつあります。それは誰も(A)(B)(C)を認めた上での「謝罪」をしていないということです。これらが「謝らない男たち」のエピソードとなっているのはそのためです(余談ですが、CMが炎上した企業などの謝罪コメントによく見られる「誤解を招くような表現があり申し訳ありませんでした」や「不快な思いをさせてしまい申し訳ありませんでした」といった表現なども類似の構造だと感じます)。

〝謝罪のエンパワーメント効果〟と〝知覚の妥当化〟

もちろん、いくら負事象が発生してしまったからといって、なんでもかんでも謝ればいいというわけではないでしょう。誤解や主張、やむにやまれぬ事情などがあった場合は、しかるべき釈明は必要だと思います。

しかし、そのとき忘れてはならないのが「**相手の感情**」です。遅刻の理由に「会議が長引いて」と言えば相手は仕方ないと思うしかないし、証拠を見せろと迫ってくることもないでしょう。また、「泊まったけどヤッてない」と主張すれば、決定的な証拠でもない限り、その場を切り抜けることはできるかもしれません。彼女だって基本的には浮気はなかったと信じたいわけで、それでいったん話を収める可能性だって低くはありません。

でも、30分も待たされていた彼女の気持ちはどうなるのでしょう。彼氏の浮気疑惑に動揺し、今後もモヤモヤを抱き続けねばならない彼女はどうすればよいのか。いくら弁解や否認をしようと、それは自分自身の「印象改善」にはつながるかもしれませんが、相手の感情面に対するケアにはなりません。『失敗しない謝り方』によれば、相手の気持ちを唯一癒せるのが謝罪なのだとか。

被害の種類や大小にかかわらず、被害を受けた側は自尊心が傷つけられている。多

> くの場合、不快な出来事は、加害者が他の人たちの都合や利害を無視して身勝手に振る舞った結果、起きたものである。だから、被害者は「自分のことを軽視された／無視された」と感じて自尊心が傷つくのである。（中略）加害者が「申し訳なかった」と謝罪すると、被害者は「自分のことを軽視していたわけじゃなかったんだ」「自分の気持ちもわかってくれたんだ」という気持ちになる。「尊重されている」あるいは「理解され、労られている」という感覚を得ることができる。これがとても大切で、これによって被害感情が和らげられるなら、被害者の怒りや不満も軽減されていくであろう。（86ページ）

大渕さんは謝罪を「自らを低い地位に置く行為」と説明します。これは「許す／許さない」の判断を相手に委ねることに由来しています。謝罪される側から見れば、生殺与奪権（＝相手をどうとでもできる権利のこと）という、ある種のパワーが付加されたことになるため、「自分の地位が高まったという感覚を持つことができ、被害者としてのみじめな気持ちや、軽視されたという憤りから解放される」のだとか。大渕さんはこれを〝謝罪のエンパワーメント効果〟と呼んでいます。

また、被害者は「自分が気にしすぎだったのか」「こちらにも責任があったかもしれない」と、自分自身に猜疑心を向け、不安を抱くことも往々にしてあると言いますが、謝罪を受けることによって「自分は間違っていなかった」と再確認することができ、不安が払拭されていく。これを心理学では〝知覚の妥当化〟と呼ぶそうですが、謝罪にはこのような効能もあります。誠実な謝罪を受けたときに気持ちが晴れるのは誰もが体験的に知っていることだと思いますが、それはこういった理由によるものだったのです。

謝罪とは「関係を続けていきたい」という意志を示す行為

さてここまで、『失敗しない謝り方』を参考にしながら謝罪の本質と効能について紹介してきました。事例に挙げた「謝らない男たち」のどこに問題点があり、なぜ女性たちの気持ちが癒されなかったのかがクリアになったと思います。

もちろん、「謝れないこと」に本来性別は無関係なはずですし、誰にだってミスやトラブルを起こしてしまう可能性はあるわけで、男女を分けて考えることにあまり意味はなさそうです。ただ、謝罪が自らの過ちや責任を認め、相手に生殺与奪権を委ねるという「自らを低い地位に置く行為」であることを考えると、これに大きな抵抗を感じるのが「謝らない男たち」ということなのかもしれません。また、相手の不安や痛みといった感情面に対する配慮が足りないのもその特徴と言えそうです。

もっとも、単に相手の下に身を置いただけでは謝罪になりません。何が負事象にあたり、それによって相手がどんな気持ちになり、そこに自分の過失や責任がどの程度あったのか。そして自分はそれをどう捉え、今後にどうつなげていくのか。そういった部分を相手と共有しないことには謝罪は成立しません。だとすると、真摯な謝罪とは**「あなたと関係を続けていきたい」**という意志を示すことに他ならないと考えられます。

とりあえずの謝罪や、弁解や正当化によってその場を切り抜けることは簡単です。しかし、それを続けると関係性がどんどんこじれていく危険性がある。例えば「会議が長引いて」という理由で遅刻を片づけられてしまうと、相手にはモヤモヤが残ります。そんな状態でもし次に彼女が遅刻した側になったとしたら、素直に謝ることができるでしょうか？

感情や責任の問題をそのつど清算しておかないと、徐々に収支がわからなくなっていき、それがやがて諦めや絶望につながっていくというのは本当によくある話です。「コップの水があふれる」というのはまさにそういう状態を指すのだと思います。

そんな恐ろしい事態に陥らないためにも、自らを省みながら謝罪という行為について改めて考えてみませんか？

おまた～
もー!! 30分も遅刻じゃん～
まち公

ゴメンゴメン
ほんってゴメン
スリスリ
仕事が終わらなくて～
ライブ始まっちゃうから急ぐよ

CLUB QUAT
ドリンク代500円です
えーっチケット忘れたの?
ゴメンゴメンほんっとゴメンねー

あたし生ガキダメなの知ってるよね…
前にも言ったと思うけど
あーそうだっけ? ゴメンゴメンほんっとゴメン

ちょっと!!

この女とホテル行ったの?
あーゴメンゴメンホテルには行ったけどヤッてないから…
つーかスマホ見たの～
ワナワナ

ああ!? だったら今すぐこの女に電話して説明させなさいよ!!
え～

あーゴメンねーホテル行ったの彼女にバレちゃってヤッてないのを説明してくれないかなーって…!
いやーほんっとゴメンねー
こいつの謝罪はからっぽだ…

女性の身体について無理解な男たち

生理痛をインフルエンザだと勘違いされた女性

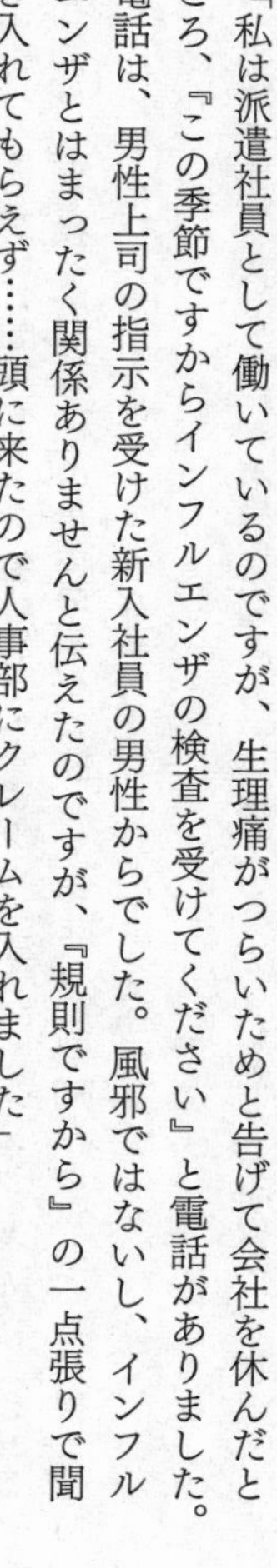

「私は派遣社員として働いているのですが、生理痛がつらいためと告げて会社を休んだところ、『この季節ですからインフルエンザの検査を受けてください』と電話がありました。電話は、男性上司の指示を受けた新入社員の男性からでした。風邪ではないし、インフルエンザとはまったく関係ありませんと伝えたのですが、『規則ですから』の一点張りで聞き入れてもらえず……頭に来たので人事部にクレームを入れました」

これは以前、桃山商事が女性向けのウェブメディアでコラム連載をしていた際、読者から「男に対する不満や疑問」をアンケートで募ったときに寄せられた声のひとつです。私は男性で、会社勤めをしているわけでもないので、このエピソードがどの程度あるある話なのかは正直わかりません。単に指示を出した男性上司が女性の生理に理解がなさすぎただけなのか、あるいはさまざまな会社で頻繁に起こっていることなのか、そこは判定できないのですが、この女性が受けた仕打ちは極めてひどいものだと思います。生理だと言っているのにインフルエンザの疑いをかけられ、上司から検査まで強要されるとは……本当に理不尽だし、ある種のハラスメントにすら抵触しかねない問題です。

しかし、これを高みのポジションから一方的に批判できる男性はどれだけいるでしょうか。というのも、この話の根底には「女性の生理に対する無理解」がありますが、これはおそらく多くの男性に共通するものだと思うからです。

生理に限らず、妊娠、つわり、婦人科系のトラブル、美容やダイエット、性にまつわることなど……**我々男は女性の身体のことに関してあまりに無知**だと言わざるを得ません。他にも女性たちからはこのような事例が報告されています。

- 生理で体調悪いときに、職場の男性たちが冷房をガンガンに効かせるのがつらい
- 妊娠していたとき、同僚男性たちが席で食べる弁当やカップ麺のニオイがつらかった
- 彼氏はセックスのとき手や腰を激しく動かす。痛いだけだからマジやめて欲しい
- 夫のマッサージはありがたいんだけど、強さが男性基準だから痛いし怖い
- 会社のスケジュールが男性社員を基準に設計されている感があり、モヤモヤする

さて、いかがでしょうか。私も生理痛やPMS（月経前症候群）のことを理解してお

ず、妻や過去の恋人に不愉快な思いをさせてしまったことが何度もあるので、身につまされます。事例には職場の話からセックスの悩みまで幅広いエピソードがありましたが、根底には共通の問題が存在しているように感じます。それが「女性の身体に関する無知や無理解」と言うべき問題です。

自己弁護をするようで心苦しいのですが、男性側からすれば、おそらくどれも悪気なくやってしまっていることだと思われます。暑いから冷房を強めただけだし、前戯やマッサージだって、基本的には相手に気持ちよくなって欲しいという思いでやっているはずです。弁当やカップ麺のニオイがつらかったと言っていた女性も、当時のことをこう振り返っています。

「男性社員たちは妊婦である私をとても気づかってくれました。体調に気をつけてねとか、何かあったら言ってねとか、優しい言葉をかけてくれ、そこはとてもありがたかったです。おそらく彼らは、具体的に何をどうすればいいのか、妊婦には何をしないほうがいいのか、よくわからなかったんだと思います。自分たちがデスクで食べてるお弁当やカップ麺のニオイが、まさかつわりの原因になっているとは想像すらしなかったんじゃないかな……。私も言えばよかったんですが、他にも整髪料や制汗スプレー、汗拭きシートなど、つわりの要因がたくさんあって、いちいち言うのも申し訳ないから我慢してしまいました」

現実問題として男性には生理痛がないし、つわりも経験することができないので、それらを身体感覚で理解することは不可能です。さらに言えば、義務教育などの場で詳しく習うわけでもないので、知識が不足しているのもある意味では無理のない話かもしれません。しかし、女性たちにある種の実害が生じ、ときに我々の姿が〝無神経〟に映っているとしたら……これは一度、立ち止まって考えてみる必要のある問題ではないかと思います。

なぜディズニー好きの彼女は腹を立ててしまったのか？

ここで、女性の身体に関する無知や無理解の恐ろしさを痛感したエピソードをひとつ紹介します。これは桃山商事で「サプライズ・ディズニーの悲劇」として語り継がれている話なのですが、あるカップルの彼氏が、大のディズニー好きである恋人のため、誕生日にサプライズでディズニーランドへ連れて行くという企画を実行しました。彼女を驚かせるため、彼は休日の朝に車で迎えに行き、道中は目隠しをしてもらったまま現地へ。そしてディズニーランドに到着し、駐車場で目隠しを外すと――。なんと、彼女は大喜びするどころか、なぜか腹を立ててしまったそうです。彼氏もまさかそんな展開になるとは思っておらず、二人はそこからケンカに発展し、結局ディズニーランドには入園しないまま帰宅

「サプライズ・ディズニー」の何が問題だったのか?

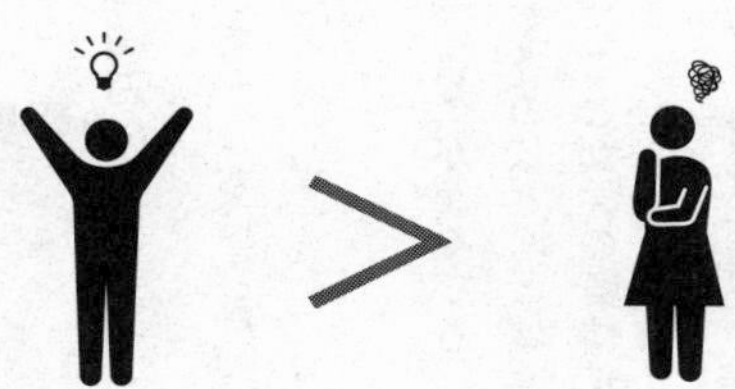

相手の気持ちや事情よりも、「驚かせたい」
「喜ばれたい」という自分の欲望を優先させてしまった

したというこのエピソード。一体、彼の行動のどこに問題があったのでしょうか。

どうでしょう、わかりますか? 私はこれを聞いたとき、何がいけなかったのかさっぱりわからず、彼に同情的な気持ちすら抱きました。しかし彼女の話を聞くと、見方がガラッと変わりました。

まず大きかったのは服装で、行き先を知らなかった彼女は、誕生日のデートだからと思ってフェミニンな服とヒールが高めの靴に着替えて彼の車に乗ったそうです。

しかし、広い園内を歩きまわり、アトラクションでの並び時間も長くなるディズニーランドでは、ハイヒールよりも明らかにスニーカーのほうが向いています。また彼女としては、気温の変化や紫外線に対応できるような服装で臨みたかったという気持ちもあったようです。さらには、せっかく大好きなディズニーランドへ行くのだから、ルートやタイムスケジュール、ご飯をどこで食べるかなど、入念な準備もしておきたかったとか。そういう思いが複雑に絡まりあった結果だと思うと、腹を立てるのももっともだなと思い直しました。

「想像力の欠如」がもたらす悲劇を防ぐためには

話があちこちに広がってしまいましたが、これまでの話は以下のようにまとめることができると思います。

（1）悪気がなくても、相手を嫌な気持ちにさせてしまうことは往々にしてある
（2）そのほとんどは「想像力の欠如」によって生じている
（3）こと女性の身体に関しては、想像力の母胎となる「知識」から不足している

こう考えると土台にあるのは知識不足ということになりますが、では、その知識とは一体なんなのか。これには2種類あると考えていて、ひとつは「科学的な知識」、もうひとつは「相手に関する知識」です。

ふたつの違いについて、生理を例に考えてみます。『月経のはなし』（武谷雄二著、中公

新書）という本によれば、月経とは「妊娠の準備状態を作り出すために起こる生理現象」だと言います（それゆえ、婉曲表現として「生理」という名称が用いられているそうです）。まず脳から「卵を作れ」という指令が出て、それを受信した卵巣で実際に卵が作られる。そして今度は、卵巣から子宮に「卵を置くためのベッドを作れ」という指令が出て、子宮内膜という細胞のベッドが生成される。これがあるタイミングまでどんどん厚みを増していくそうです。

卵は成熟すると卵巣を飛び出し、子宮へのパイプである卵管へと移動します。ここで精子と出会えれば、「受精卵」となって子宮内膜に降り立ちます。これが「着床」と呼ばれる現象です。ところが、受精卵ができなかった場合、あるいは受精卵がうまく着床できなかった場合、ふかふかに厚みを増したベッドを身体が「不要」と見なし、子宮内膜は体外へ排出されることになります。これが月経と呼ばれる現象で、このサイクルが周期的にくり返されていきます。

ものすごくざっくりではありますが、これが生理のメカニズムであり、先に挙げた「科学的な知識」として生理を知るとはこういうことになると思います。

では、もう一方の「相手に関する知識」ですが、これはつまりその人の状態を知るための情報です。生理による影響はとても個人差の大きなものだそうで、ホルモン環境がくるくる変動したり、排出時に子宮内の筋肉が収縮したりと、月経をめぐって体内でいろんなことが起こるわけですが、これに伴い、頭痛や腹痛、腰痛や発熱、下痢や貧血、ひどい眠気や吐き気、さらにはイライラやうつ症状など、身体的、精神的にさまざまな影響が出ると言います。これらは人によっても、また時期によっても異なるため、「生理のときはこうなる」と一概に言えるものではないそうです。となると、仮にメカニズムを理解していたとしても、目の前の女性がどんな状態なのかは直接聞いてみないとわからない、ということになります。これを知るための情報が「相手に関する知識」です。

我々男性は身体的に生理を理解することはできませんが、こういった「科学的な知識」と「相手に関する知識」は入手することができるはずです。それらがあれば、少なくとも会社に来られないほど生理痛がきつい女性に対して「インフルエンザの検査を受けてください」などという心ない言葉は発しないはずだし、たとえ自分が職場を暑いと感じていても、ガンガン冷やす前に「冷房を強めたら寒いですか？」と周囲の女性に聞いてみる姿勢が生まれるはずです（さらに言えば、「寒いです」と言いやすい状況を作ることも大切ですよね）。

これは他のことでも同じで、例えば女性の膣（ちつ）が粘膜で覆われた繊細な器官（口の中と同じような）であることを知れば、相手が痛がるような激しい触り方はしなくなるだろうし、ヒールによって脚にかかる負担のことを想像できていれば、いくらサプライズの企画であっても、服装に関する気づかいをもう少し細やかにできたかもしれません（もっと話を広げれば、会社や社会の制度を設計する立場にある人に十分な知識と想像力があれば、仕事や暮らしの環境もよりよいものになると思うのですが……)。

いずれにせよ、悪気はないのに無神経だと思われてしまったり、それによって苦しめられる人が生まれてしまうのは、男女両方にとって不幸なことであるはずです。そんな事態を防ぐためにも、まずは想像力の母胎となる知識を学ぶところから始めてみませんか?

仕事とプライベートで別人のようになってしまう男たち

なぜ家だとだらしなくなってしまうのか

気にすることないよ
女ってさぁ・・・

「私の夫は会社の同僚でもあるのですが、仕事だときっちりすぎるほど丁寧なのに、プライベートになると途端に計画性ゼロな人間になってしまうのが不思議でなりません。両家の顔合わせも、結婚式の準備も、妊活も、マイホームの購入も、まったく能動的に動いてくれなくて、いつも『なんとかなるでしょ』という態度で構えていました。あんなに仕事ができる人がなぜ？　職場で発揮している気配りや几帳面さを1～2割でいいから生活のほうに回してくれないかなって思ってしまいます。男の人ってどうして仕事とプライベートで別人のようになってしまうのでしょうか？」

これは以前、我々が「日経ウーマンオンライン」でやっていた恋愛相談の連載に届いた既婚女性からの投稿の一部です。これは悩みというより男性に対する疑問と言ったほうが正しいかもしれませんが、彼女は仕事とプライベートで別人のようになってしまう夫（会社では同僚）に疑問を抱いていました。これが問題になるのは、つまりそのギャップが〝ネガティブなギャップ〟だからですよね。例えば逆に「プライベートでは働き者になる夫」みたいな感じだったら彼女も投稿しようとは思わなかったはずです。

また彼女は、最後に「男の人って」と主語を拡大していますが、おそらくこれは、夫に限らず身のまわりの男性に共通する性質だと感じているからだと考えられます。実際に桃山商事で見聞きした話にも似通った事例がいくつもありました。

・上司と結婚したら職場の姿と打って変わり、家事も育児も指示をしないと動かない
・同僚の実家へ遊びに行ったら、普段大人しい彼が母親に強く出ていて軽く引いた
・会社では優しくて穏やかな先輩が、ＳＮＳで男尊女卑的な発言をしていて驚いた
・後輩は仕事では根回しやリスク管理が完璧なのに、恋愛になると女性と揉めがち
・友達の彼氏がモラハラ気味なのだが、会社では優秀で人望も厚いと聞いて驚いた

さて、いかがでしょうか。もちろん仕事とプライベートの姿が一致していなきゃいけないという決まりはないですし、家ではまったく料理をしないプロのシェフがあまた存在す

るように、私生活でどう振る舞おうが基本的に本人の自由だと思います。

ただ、現実問題として女性たちからは疑問の眼差しが向けられている。そのことについて、いったん我が身を振り返りながら考えてみるのもおもしろいかもしれません。かくいう私も——といってもフリーランスの文筆業なので仕事とプライベートの区別はあまりないほうかもしれませんが、それでもこうして桃山商事の一員として書いている文章の内容と、私生活での自分の姿に矛盾が生じていないか、わりとビクビクしながら暮らしています。だからこれは私にとってもリアルな問題だと感じています。

本人に「変化している」という自覚はないかも

ではまず、話を聞かせてくれた女性たちがどんなことに疑問や不満を抱いていたのか、その部分について考えてみます。

先に述べたように、どのエピソードでも仕事→プライベートで〝ネガティブなギャップ〟が生じています。きっちりで丁寧→計画性ゼロ、頼りになる上司→指示待ち夫、大人しい同僚→母に強く出る息子、穏やかな先輩→SNSで男尊女卑、リスク管理ができる→できなくなる、人望が厚い→恋人にモラハラ……と、どれも確かに残念な方向へ変化しています。

女性たちの話に共通していたのは、

（1）できることをなぜやらなくなるの？

（2）そっちが本当の姿なの？

というふたつの疑問です。

（1）はつまり、プライベートにおける男性たちの姿がサボりや怠慢のように映っていて、そうなった理由を知りたいということです。（2）は逆に、プライベートの姿こそがリアルな実態で、仕事における彼らはがんばって演じている偽りの姿なのか、という視点です。女性たちの中にはこれらの思いが混在しており、それが混乱や困惑の要因になっていました。我々はこれをどう捉えればよいか……。

エピソードに登場する男性たちは、妻や恋人、実家の母親といった人たちの前で計画性ゼロになったり、強く出たり、だらしなくなったりしていました。そう考えるとこれらは単なる「油断」や「甘え」の発露と捉えることができ、「気を引き締めていきましょう」のひと言で片づいてしまいそうな気もします。しかし、個人的にはもっと複雑で、単純に「良い／悪い」の価値判断が下しづらい問題ではないかと考えています（恋人にモラハラ気味な彼氏は言語道断ですが）。

例えば冒頭のエピソードに出てきた夫は、仕事とプライベートの姿を意識的に変えているというより、「自然と切り替わってしまっている」といったほうが実態に近いような気もするし、仕事では「きっちりすぎるほど丁寧」な人がプライベートでは「なんとかなるでしょ」という態度になっているとしたら、緊張感が緩和され、リラックスできているという可能性もあります。それは本人にとってはポジティブなことかもしれないし、一概に悪いとは責められません。

もちろん、現実問題として両家の顔合わせや結婚式の準備、妊活やマイホームの購入にまつわる負担が妻に偏ってしまっている状況があるわけですが、これだって夫には負担を押し付けているという自覚はないかもしれない。それどころか、仕事じゃないんだからそんなに張り切らず、必要最低限のことだけやれば大丈夫でしょと考えている可能性すらある。妻側は「できるのになぜやらない？」と感じている一方、夫側は「そこまでやる必要はない」と考えているのだとしたら、夫婦間における認識のズレ――つまり「どの程度までやるべきか」の合意形成ができていないことが問題ということになります。そう考えると、これは夫の怠慢ではなく夫婦間コミュニケーションの不足が原因と言えなくもありません。

こんな風に、掘り下げて考えていくと何が問題なのかよくわからなくなってくる……。それゆえ複雑で価値判断の下しづらい問題だと思うわけです。

自分が楽になった分だけ相手が絶望していくことの恐怖

どれだけプライベートでだらしなくなろうと、女性たちと頻繁に揉めごとを起こそうと、男尊女卑的なつぶやきをしていようと、それは本人の自由だし、他人が干渉できることでもない。妻や彼女たちの不満や疑問も、考えすぎやコミュニケーション不足が原因であり、男性たちに落ち度はない。仕事とプライベートで同じように振る舞う必要なんてそもそもないし、それどころか、世の中にはそのギャップに萌える女性だってたくさんいるじゃないか——。ここまでの話の流れからすると、ややもするとこのような結論になってしまいそうな感じもしてきます。

しかし、はたして本当にそうでしょうか。「仕事とプライベートで別人のようになってしまう男たち」はノープロブレムなのでしょうか。個人的にはそうは思えません。なぜなら「**自分だけが楽をしていることに無自覚**」だからです。

少し話は飛びますが、世の中には「労力を要する行為」と「労力を要さない行為」の2種類があります。例えばお皿を洗う、宿題をやる、ダイエットのために走る、洗濯物をたたむ、経費の精算をする……といった行為はいずれもエネルギーを使う行為に分類されるのではないかと思います。逆に、ネットをだらだら見る、温泉に入る、部屋でゴロゴロする、おいしいものを食べる、好きな人とデートする……といったことにはさほどエネルギーを要さないはずです。

もちろんこれは単純に行為の種類で分けられるものではなく、人によって変わる（お金の計算が大好きな人にとって経費精算はむしろ進んでやりたい作業になる、といったような）だろうし、状況によっても変わってくる（好きな人とのデートも、会いたさよりも緊張感が勝ると労力を要する行為になってしまう、といったような）でしょう。そういう細かな問題はあるものの、面倒くささや義務感を感じ、「やらなきゃ」という気持ちですることが「労力を要する行為」、欲望やモチベーション（＝やりたいという気持ち）がわき、ときにそれ自体がエネルギーの回復にもなることが「労力を要さない行為」という風にまとめることができると思います。

この分類に照らしてみると、「仕事とプライベートで別人のようになってしまう男たち」が仕事でやっていることや見せている姿、すなわち気配りや計画性やリスク管理、また穏やかな顔や人望の厚さは、つまり「労力を要する行為」の結果であると考えることができます。おそらく仕事の場面でエネルギーを消耗してしまっていて、せめてプライベートでは気を抜きたいという思いがあるのかもしれません。もちろんそれは本人の自由だと思いますが、ではその代償として妻に負担が集中してしまっていたとしたら、それをどう考えるのか。家事の指示を出す側のコストはどうなるのか、ぞんざいに扱われた女性側の

仕事とプライベートで別人になる理由

労力を要する行為	労力を要さない行為
面倒くさい、つらい 義務だからやる エネルギーを消耗	楽しい、気持ちいい やりたいからやる エネルギーが回復
＝	＝
仕事で見せる姿	プライベートの姿

フラストレーションはどうすればいいのか――。問題は「仕事とプライベートで別人のようになってしまう」こと自体というより、むしろこういった視点に欠けていることに核心があるのではないかと感じます。

計画性がゼロになる夫、指示待ち人間になる上司、恋愛のリスク管理をしない後輩男子などはその典型と言えますし、母親に強く出る同僚男子、ＳＮＳで男尊女卑的な発言をしていた先輩、モラハラ気味の彼氏に関しても構造は同じです。つまりそれらが本人にとって「労力を要さない行為」というわけです。それをもって〝本当の姿〟と言えるかはわかりませんが、緊張感や他者の目といったものがなくなると顔を出す、**その人の奥底に眠る性質であることは確か**でしょう。いくら本人にとって楽な状態でも、それを見せられた側は現実に戸惑いや恐怖を感じている……。そのあたりに対する想像力の欠如がこの問題の根底にあるような気がします。

自分が楽になった分だけ相手の中にネガティブなポイントが貯まっていくとしたら、ちょっと恐ろしいことのような気がしませんか?

仕事とプライベートの姿に一貫性がある必要はないですし、矛盾やダブルスタンダードを抱えていたとしても、それが人間だとすら個人的には思います。

ただし、他者との関わり合いの中ではそれらが思わぬ影響を生み出してしまうことは意識しておいて損はないはずです。自分にとって面倒なことは相手にとっても面倒なことかもしれないし、仕事に精一杯になっていて、プライベートではなるべく楽をしたいと思うのならば、その気持ちを相手に伝えた上で共同作業を進めていくほうがフェアな態度です。

さらに、自分の奥底に眠る性質を把握し、それについて周囲と話し合ってみることもひとつの対策になると思います。そのような感じで、一度仕事とプライベートの間にあるギャップを見つめ直してみるのはいかがでしょうか?

プライドに囚われる男たち

「男の」とつくだけで厄介そうなニュアンスに

プライドとは本来、誇りや自尊心を意味する言葉です。これらは人として生きる上で不可欠なものだし、誰もが持っていて当然のものであり、また誰にも踏みにじられてはならないものだと思います。

しかし、ひとたびそこに「男の」とつくと、途端に面倒で厄介そうなニュアンスを帯びてきます。もちろん男性の誇りや自尊心は一様に否定されるべきものではありませんが、そこに「男の」とつくだけでネガティブな意味合いに転じてしまうのは一体なぜなのか……。ここでは、そんな〝男のプライド〟にまつわる問題点やメカニズムについて考えていきたいと思います。

まずは女性たちの体験した事例を紹介します。

・会社で昇進したら、同期の男性社員たちとの関係がぎくしゃくしてしまった

・おもしろい男友達の話をしたら、彼氏が急に不機嫌になってしまった
・父親も上司も、「ありがとう」と「ごめんなさい」を本当に言わない
・自分が詳しい話は得意気に語るが、知らない話題になると話の輪から外れる男友達
・「ダメ出しして欲しい」と言ってきた後輩に思ったことを伝えたらムッとされた

さて、いかがでしょうか。恋愛や友人関係、職場でのエピソードなどさまざまな事例がありましたが、どれも「プライドに囚われる男たち」の姿だと女性の目には映っているようです。身のまわりにこういう男の人っているよなと思う反面、自分にも似たような経験があり、ゾッとします。

そして、そもそも「男のプライドってなんなの？」という混乱も生じてきます。というのも、事例にならえば、おもしろい男友達の話を聞いたり、感謝や謝罪の意を表明したり、女性に出世で先を越されたりすると傷つくのが男のプライド、ということになるわけですよね。そういうものを「プライド」なんて言葉で呼んでもいいのか……。

ネガティブな感情が発生するメカニズム

英語の辞書で「pride」を引いてみると、興味深いことが書かれていました。確かに誇

りや自尊心を意味するわけですが、そこには補足として「true pride（真のプライド）」という言葉が付いていました。これはなぜかというと、prideには「うぬぼれ」「思い上がり」「虚栄心」といった意味もあり、こちらは「false pride（偽りのプライド）」と呼んで区別されていました。

男のプライドと呼ばれているものが「false pride」なのかどうかはさておき、男性たちは不機嫌になり、ぎくしゃくし、ムッとしたわけで、心の中にネガティブな感情が発生していることは確かです。そう考えると、これらは一種の「防御反応」とも言えそうです。それらはなぜ発動したのか。先の事例に見られる男性たちの内心を想像しながらそのメカニズムを探ってみます。

・会社で昇進したら、同期の男性社員たちとの関係がぎくしゃくしてしまった
↓ただでさえ昇進レースで同期に先を越されると焦るのに、さらにその相手が女性だったことで嫉妬心が倍増し、これまでのように接することができなくなった

・おもしろい男友達の話をしたら、彼氏が急に不機嫌になってしまった
↓恋人が他の男性に肯定的な評価をしたことで、おもしろさという要素で比較されたり、彼氏という立場を脅かされたりしたような気持ちになった

・父親も上司も、「ありがとう」と「ごめんなさい」を本当に言わない

↓感謝することや非を認めることを「自分を低い位置に置く行為」と捉えていて、娘や部下よりも上の立場にいる自分にとってそれは到底受容できない行為だと考えている

・自分が詳しい話は得意気に語るが、知らない話題になると話の輪から外れる男友達

↓ある話題に関して「詳しい側」を上、「詳しくない側」を下と捉えており、自分が下のポジションになることに耐えられず、話の輪から離れた

・「ダメ出しして欲しい」と言ってきた後輩に思ったことを伝えたらムッとされた

↓自分から頼んだとはいえ、想定していた以上の指摘が返ってきたため、否定されたり叱責されたりしたような気持ちになり、機嫌を損ねた

これらはあくまで私の推測なので、当事者の男性がこのような気持ちだったかはわかりません。また、聞いたところで明確な答えが返ってくるかもわかりません。ただ、同じ男性として自分の経験も踏まえながら想像するに、おそらく彼らはこのようなマインドゆえに不機嫌やぎくしゃくといった「防御反応」を発動させていたのだと考えられます。

何かと「上下」や「勝ち負け」に変換してしまう価値観

ネガティブな感情が発生したこと自体は、否定されるべきことではないはずです。「ごめんって言いづらいな……」と思ってしまったり、知らない話題になって居づらさを感じたりするのは本人にも止めようがないですし、致し方のないことだと思います。

とはいえ、まったくノープロブレムかというとそういうわけでもありません。ポイントはおそらくふたつあって、

（1）ネガティブな感情の背景にある価値観

（2）ネガティブな感情を態度で表してしまうこと

が問題なのだと思われます。

まずは（1）から考えてみます。ネガティブな感情が発生してしまったことは確かかもしれませんが、先に挙げたどの事例を見ても、相手側に叱責したり攻撃したりする意図はありませんよね。「おもしろい男友達がいる」という話はしていても、「あなたよりいい男だ」「あなたはつまらない」などと言っているわけではないし、知らない話題が出たから

といって、周囲の人は「こいつにはわかんない話だろうな」「知らないなんてダサいな〜(笑)」などと思っているわけでは決してありません。

そう考えると、ネガティブな感情を発生させた原因は、相手でなく〝自分自身〟に他ならないことがわかります。その背景にあるのが、何かと「上下」や「勝ち負け」に変換してしまう価値観です。自分と他の男性を比較する、感謝や謝罪を表現するのは負け、仕事において男は女よりも上にいるべき、知らない・わからないは負け、助言や提案を受けることも負け……といった感覚が自分自身の首を絞めてしまっているのが実態ではないでしょうか。

だとすると、(2)が極めて身勝手なものに思えてきますよね。言ってしまえば〝自縄自縛〟なわけで、その責任を相手に転嫁するのはだいぶおかしな話です。言葉は悪いですが、女性たちからしたら「自分のケツくらい自分で拭けよ」っていう話だと思いますし、こういった理不尽さ、意味のわからなさこそ、〝男のプライド〟が否定的な意味の言葉になっている原因だと考えられます。

事実を認め、感情をストレートに吐露する

では、どうしたらいいのでしょうか。これまでの話を整理すると、〝男のプライド〟と

「男のプライド」のメカニズム

何かと上下や
勝ち負けに
変換する価値観

それによって
ネガティブな
感情が発生

不機嫌や沈黙など
の態度で表現
（防御反応？）

いう、かなり漠然とした言葉で指していた現象が、上の図のようなメカニズムによって発生していたことが見えてきました。

こうやって改めて可視化すると、その見事な自縄自縛っぷりにお腹が痛くなってきます。

私も大学生の頃、とにもかくにも自分に自信が持てず、当時の恋人にいちいち突っかかっていたことを思い出しました。彼女は同じ学部の同級生で、課題でエッセイを書く授業を一緒に受講していたのですが、彼女の文章が先生に褒められたことに嫉妬し、そのあと行ったカフェで私はずっと黙り込んでいました。また、彼女の好きなミュージシャンのライブへ行ったときも、演奏にうっとり聴き入る彼女を見て、「才能のある男が好きなんだろ！」「どうせ俺なんて何もない男だよ！」という気分をこじらせ、終始不機嫌をまき散らしてしまっていたことを覚えています。

THE・比較思考、THE・男は女に負けちゃいけない教。勝手に比べて勝手に負けた気になっていただけなのに、その感情を自分で処理できず、あろうことか恋人に当たり散らすことで解消しようとしていたとは……なんとも恥ずかしい思い出です。

こんな幼稚な現象を〝プライド〟などという立派な言葉でコーティングするのは、やっぱちょっとどうなのよって話ですよね。自尊心が傷ついたわけでも、誇りが踏みにじられたわけでもなく、**単に自分で自分の感情をこじらせただけ**の話であり、これぞまさに偽りのプライドではないか……。

この問題を乗り越えるためには、まず「何かと上下や勝ち負けに変換する価値観」を見直すことから始めてみる必要があると思います。ネガティブな感情が発生したとき、その原因に比較思考が関与してないか、逐一自分で点検してみる。地味な作業ですが、これをくり返していくことでしか心身に染みついた考え方を見直すことはできません。

自分の非を認めることは負けじゃないですし、知らないことがあるのは優劣とは関係なく、単なる事実に過ぎません。悪いと思ったら謝るべきですし、腑に落ちないことがあるなら論理的に伝えるべきでしょう。そういう話なら相手だって理解できるし、そこから建設的な議論を展開していくことも可能です。また、自分ではどうにもならない嫉妬心や劣等感に苛まれてしまったのなら、それを素直に認め、ストレートに吐露するほうが自分にとっても相手にとってもよさそうです。例えば「彼女が他の男を褒めるのがイヤなんだ！」と言ってみれば、たとえ幼稚で無茶苦茶な感情表現に思えたとしても、それは動かしがたい事実なわけですし、相手からしたらいきなり不機嫌になられるよりはずっとマシなはずです。

今回話を聞かせてくれた女性たちの声には、「相手のプライドを傷つけないよう気をつけて発言している」「非を認めさせるのは無理だから謝ってもらうことは諦めた」「いちいち**不機嫌になられるのが面倒くさいから、男を立てる**ことに専念したら実際に揉めごとが減った」というものもありました。こんな風に思わせてしまうことのほうが、よっぽど男のプライドが傷つくような気がしませんか？　防御反応が生じたということは、それが自分にとって大事な問題であることの証拠です。そしてそれは、自分自身をより深く知るための手がかりになるはずです。

教えて、先生！

テーマ

「性教育」

性欲に振りまわされたり、女性の身体について無知だったり……。その背景には「性教育」の不足があるかもしれません。そこで、1970年代から「男子の性教育」の問題に携わり、『男性解体新書』『男子の性教育』などの著書を持つ元一橋大学非常勤講師の村瀬幸浩さんにお話を伺います。

村瀬幸浩(むらせゆきひろ)先生

1941年愛知県生まれ。性教育研究者。私立高校教諭を経て、一橋大学や津田塾大学、東京女子大学で講師として「ヒューマンセクソロジー」を担当。著書に『素敵にパートナーシップ』(大月書店)、『男性解体新書』、『男子の性教育——柔らかな関係づくりのために』(ともに大修館書店)、フクチマミさんとの共著に『おうち性教育はじめます』(KADOKAWA)など。

男子は「射精」をいつ、どうやって知るのか

清田　僕は昔から、自分の男性性に嫌悪感と恐怖心を抱いていました。中1で初めてチン毛が生えたとき、なぜか猛烈に悲しくなってカッターナイフで剃(そ)っていたし、同じく中1で初めて夢精をしたときは、怖くなってパンツを近所の公園まで捨てにいきました。また、19歳で初めて恋人とセックスしたときは、お互い初めてだったというのもあり、血のついたコンドームを見てひどい罪悪感に襲われたのを覚えていま

す。

村瀬　それは大変だったね……。

清田　村瀬先生の著書『男子の性教育』には、男子高校生を対象にした「射精イメージ」の調査結果が載っています。それによれば、約15％の男子が射精を「汚らわしい」と感じ、約20％が「恥ずかしい」という意識を持っている。これを読んで、僕は「同じ気持ちの男子が結構いるんだ」と驚きました。

村瀬　そうですね。もっとも、別の回答欄では約75％が「射精は自然なもの」と感じており、「射精は気持ちいいもの」も7割近くが同意している。だから射精にネガティブなイメージを持っている人が多数派というわけではないんだけど、15％や20％というのは決して少なくない数値ですよね。これは端的に言って「教わってなかったから」だと考えられます。例えば清田さんは、自分が射精するということをいつ、どのように知りましたか？

清田　小学4年生か5年生のとき、中学生だったいとこのお兄ちゃんに「ちんちんをシコシコやると白いおしっこが出て気持ちいいぞ」と教えられたのをよく覚えています。それを聞いてめっちゃ怖くなりました。

村瀬　清田さんのように「身近な人に教わる」ってケースもなくはないんですが、大体は誰にも聞かないし、教わってもいない。一方、女子は月経のことを小学校で必ず教わります。先の調査では女子高校生に「月経のイメージ」も聞いているんだけど、「汚らわしい」と答えた人は約5％、「恥ずかしい」は約8％でした。この男女差はおそらく教育の有無によるものです。想像するに、もしも女子に月経学習がなかったら、出血を伴う初めての生理現象を相当な恐怖と不安で迎えるはずです。

清田　月経は痛みやダルさも伴うわけで……射精とは比にならない恐怖でしょうね。

村瀬　女子の場合は「産む」ということがある

から、安心させるためにも、親も学校も月経のメカニズムからちゃんと教えるんです。でも男子には、「別に教える必要はない」という風潮がずっと続いてきてしまった。

清田　僕も射精について教わった記憶はないです。

村瀬　男だって、何も知らずに性器からドロッとした白い液体が出てきたらびっくりするのにね。事実、「アソコから膿（うみ）が出てきた」「自分が腐っていくような気がした」などと考える男子も少なくありません。

清田　確かに、「君たちは小学生の高学年から中学生くらいの間に、ちんちんから白い液体が出るようになる。それは射精と言って子どもを作るために必要なことで、段々と身体が大人になっている証拠です。とても自然なことなので怖がらなくていいし、ちょっと独特なニオイがするけれど、決して汚いものじゃないから心配しないでください」なんて感じであらかじめ教えてもらっていたら、あそこまで射精に嫌悪感を抱くことはなかったかもしれません……。

性とは〝本能〟ではなく〝文化〟

村瀬　でも、性教育がないからといって、男子が性について何も知らないままかというと、そうじゃありませんよね。思春期になれば性的な欲求や関心が高まり、メディアや友達なんかを通じ、さまざまな性情報にアクセスするようになる。

清田　そうですね。僕の思春期（90年代の中期）は性的関心を持つとエロ本をみんなで貸し借りしてくり返し鑑賞するのがメインでしたが、今はネットでいくらでもアダルトなコンテンツが見られます。また、先輩や同級生など、男同士でエロ話をする中でいろいろ情報交換をしたりもしましたが、その文化は今も健在だと思います。

村瀬　ただし口コミやネットの情報は必ずしも

科学的に正しい知識というわけではないよね？　だから、場合によっては誤解や偏見が相当入り込んできて、理解や認識がめちゃくちゃ歪んでいってしまうことも少なくない。

清田　なるほど……。男子の場合、中高生の頃ってセックス経験者は稀少で、そういう人たちから「何人とヤッた」「こんなプレイをした」みたいな眉唾の自慢話や、「女はこうすれば感じる」「こうすればセックスできる」みたいなハウツー話を聞かされることも多い。また、仕入れた情報を元に、童貞同士で妄想話をくり広げることも多々ある。これでは正しい知識を得られるどころか、誤解や偏見が助長されかねませんよね。

村瀬　そうだね。だから僕も、男子学生に講義をするときは「君たちの性知識はだいぶ薄汚れているので、いったん白紙に戻し、一から学ぶ気持ちで聞いてくれ」って言っています（笑）。

清田　僕は中高が男子校だったんですが、自分の男性性に苦手意識を抱きつつも、一方でセックスに対する欲望が煽られ、ものすごく飢餓感を募らせていました。友達から聞く「彼女とこんなセックスをしたぜ！」みたいな話には、嫌悪感と羨望の念が同時にわき起こるというわけのわからない感覚でした。

村瀬　サブカルチャーとしてエロ情報を楽しむのはいいんだけど、その前に事実をきちんと科学的に勉強する必要があると思います。その土台がないと、簡単に誤解や偏見の渦に巻き込まれてしまい、自分も苦しむし、相手を傷つけることにもなりかねない。

清田　そうですよね。女性の身体構造も知らなければ、自分の性欲に関するメカニズムもまったくわかっていない。そんな状態で生身の女子と性的な接触を持つとしたら……。なんというか、知識も技術もないまま車を運転するようなもので、危険すぎるだろって気がしてきました。

村瀬　特に男子はアダルトビデオなんかにも影

響されるからね……。「激しくするほど女は喜ぶ」とか、本気で思い込んだまま大人になる男性もいます。だから僕は女子学生にも言うんですよ。ちゃんと自分の身体のことを知って、「痛い」とか「嫌だ」とか「こうして欲しい」とか、自分から相手にハッキリ言えるようになろうって。

清田　桃山商事に恋愛相談しに来る女性の中にも、NOを言うのが苦手という人は少なくないです。

村瀬　女子の性教育では、「自分の身体の扱い方」を教えることがほとんどないんですよ。僕は女子学生には「自分で触ったこともないところに男のペニスを入れさせるな」ということをよく言っているんだけど、女子ももっと自分の身体の主人公にならなきゃいけない。性って〝本能〟だと思われているけど、実は知識や学習によって形作られていく〝文化〟なんですよ。だから教育というのが大事で、それは大人が子どもに対して果たすべき責任だと考えています。

「性欲」を因数分解してみると……

清田　これは自分自身にも当てはまることなんですが、男って自分の性欲について実は〝よくわかってない〟ような気がするんですよ。

村瀬　それはどういう意味で？

清田　男性の9割以上が自慰行為を経験しているし、アダルトコンテンツも充実しており、男性の多くは、エロの好みについて一家言あるはずです。でもそれってとても〝消費者目線〟というか、外部から与えられたエロ情報に対し、「自分が何にどう興奮するか」という部分しかわかっていないんじゃないかと……。

村瀬　なるほど。『男子の貞操』（ちくま新書）という本を書いた坂爪真吾さんは、「男は〝記号〟に反応する」ということを言っていますが、それとつながる話だね。

清田　はい、同著で坂爪さんは、「(男性は) 女性の身体の評価や採点、支配や売買を通して、間接的に自らの性を語ることしかできない」とも述べていますが、まさにその通りだなと。

村瀬　それを考えるにはまず、「快楽としての性」をどう捉えるかが鍵になると思います。これには2種類あると僕は考えていて、ひとつは身体的なオーガズム、男の場合で言えば射精につながるような〝性的快感〟(からだの快感)です。そしてもうひとつは、触れ合って、ほっとして、安心して……という心理面で味わう〝心的快感〟(こころの快感)です。

清田　一般的に「快楽」としてイメージするのは前者ですかね。

村瀬　そうだね。まず100%。特に男子はそちらに囚われている傾向が強いかもしれない。この性的快感って自慰行為でも得られるわけで、実は必ずしも相手を必要としないものですよね。これは何も「相手がいないから一人で」という話ではなく、恋人がいようと、結婚していようと、高齢者になろうと、相手の有無にかかわらず自分だけの性的快感は自分で獲得できるという意味で。

清田　村瀬先生はそれを「セルフプレジャー」と呼んでいますよね。

村瀬　いい表現でしょう？　しかし、もう一方の心的快感は、触れ合いやコミュニケーションの中で得られるものであり、基本的に相手を必要とします。それで、ここが重要なポイントなんですが、性欲というものにはそのふたつを求める気持ちが混ざっています。

清田　なるほど……。「射精したい」と「相手とわかり合いたい」という気持ちが混在していると。思うに、男性って後者を自覚すらしていないかもですね。

村瀬　それが単なる射精欲求ならば、これはもうセルフプレジャーで満たすことでいいんですよ。そうやって生理的欲求を自己コントロールできることは、自分への自信にもつながるはずなので。逆に、そのために相手を利用するのはやめるべきでしょう。相手は射精のための道具ではないからです。

清田 〝相手の身体を使ったオナニー〟という表現もありますね。よくヤリチン男性なんかが「いくらセックスしても心の空白が埋まらない」みたいなことを言いますが、それっておそらく「本当は心的快感が欲しいのに、それを得られるようなセックスをしていない」ってことなのかもしれませんね。

村瀬 性欲の捉え方が狭すぎるため、そのことに気がつかないんだろうね。

清田 性欲って本来は幅広くて多様なものなのに、男性の多くはその一部分に過ぎない「射精欲求」のみを性欲と認識している。裏を返せば、心的快感を欲しているときにも、それを自覚できず、つい性的快感のみを追求してしまう……。

村瀬 そういう問題があるような気がしてきました。それを区別するためにまず、自分が何を欲しているのか、自分で分析できるようになることが大事だよね。ここがわからないと、相手といい関係を築きようがないわけで。「相手とじゃれ合いたい」とか、「くっついておしゃべりしたい」とか、そういった気持ちもひとつの性欲であると認識して欲しい。

清田 ホントそうですよね。願わくば、中学生くらいでそれを習っておきたかったです。

「互いの性について一緒に勉強しませんか?」

清田 先生はこれまで、射精や月経の科学的な仕組み、セルフプレジャーの意義、親密な関係の築き方、性暴力やジェンダー意識に関するリテラシー、性の多様性についてなど、幅広い観点から性教育に取り組まれてきました。先生が性教育を始めたのは70年代だそうですが、そんな時代に男性教諭が積極的に性教育を行うだなんて、想像するに相当珍しかったんじゃないかと思います。

村瀬　71年から授業を始めて、最初の著作が74年だったかな。男女雇用機会均等法すらなく、今よりずっと男女の差も大きかった時代ですね。

清田　そんなときに、なぜ先生は性教育という問題に取り組むようになったんですか？

村瀬　よく不思議がられるんだけど、これは個人的な体験に根ざしています。というのも、僕自身、清田さんと同じく中高6年間男子校で、8人きょうだい中6人が男という、いわば男だらけの環境で育ったんですね。それで大学生のときに今の妻と出会い、社会人になってからすぐ結婚したわけですが、夫婦として一緒に暮らすようになっていろいろすれ違いが生じるようになってしまった。

清田　どんなすれ違いが？

村瀬　例えば妻は月経がつらいタイプの女性でね、僕らは共働きだったんだけど、仕事が大変なときと月経が重なったときなんか、妻はもう青ざめた顔して帰ってくるわけです。ひどいときは、そのまま立ち上がれないような状態のときもあって。

清田　それは大変ですね……。

村瀬　でも、僕は性教育なんてまったく受けたことがなかったので、女性の月経もよく知らないような状態でした。それで、妻がどんな状態にあるのか正しく理解できず、内心で「家事をやるのが億劫（おっくう）だから仮病使ってんじゃないか？」とか思っていたわけです。また、女性の性的欲求に関する知識もまるでなかったので、妻の気分なんて考えずに性交を要求し、拒否されてムッとしちゃうこともしばしばあって。

清田　なんだか耳の痛い話です……。

村瀬「愛し合って結婚したはずなのに、なんでうまくいかないんだろう？」って考えたとき、性の問題に関する無知が大きな要因になっていることにようやく気づいたんです。それで妻に謝って、「互いの性について一緒に勉強しませんか？」と提案した。妻もずっと女子校育ちで、男の性に関しては無知だったということもあって、ともに学びましょうと言ってくれて。

清田　めっちゃいい話ですね！　その状態から「夫婦で向き合おう」という形になれたのは、ホントにすごいことだと思います。

村瀬　僕は共学の高校で保健体育を教えていたんだけど、当時は性教育なんてほとんどなかったし、教師にそれを教える力もなかった。でも、自分のプライベートな経験から考えても、「これは若い内に勉強しておいたほうがいい問題だな」と痛感。それで自分自身でも学びながら、保健の授業で少しずつ性教育をやるようになったというのがそもそものきっかけです。

性教育の普及と「バックラッシュ」

清田　桃山商事では過去に数回、恋人の子どもを中絶し、そのことで深く傷ついている女性から相談を受けたことがあります。彼女たちが最も傷ついていたのは、彼氏の〝他人事感〟でした。望まない妊娠をさせてしまったことに申し訳なさを感じているのは確かだけど、中絶費用を負担し、彼女の手術が無事に済めば、それで一件落着だと思っているように見える——。女性たちは彼氏の態度からそういった他人事感を感じ取り、深く傷ついていました。

村瀬　それはひどい話だけど、よくありそうだね。

清田　中には手術が終わるや否や別れを告げてきて、「責任は果たした。これ以上求められても困る」なんて言ってきた彼氏もいたようで……。本当に最低なんですが、その一方で、恋人が身体的に経験した出来事を具体的にイメージできず、だから彼らはあんなひどいことが言えたのではないかとも思いました。

村瀬　もちろん許されることじゃないけど、無知ゆえにリアルな想像や共感ができなかったという側面もあるだろうね。

清田　こういった悲劇を未然に防ぐためにも性

教育は本当に大事だなと感じます。先生が学校で性教育を始めたころ、特に男子生徒の反応などはいかがでしたか？

村瀬　それが、驚くほど食いつきがよかったんですよ。「先生、もっと教えてよ！」って言われるくらい（笑）。いろいろ質問を受けて、僕も「次までに調べてくる」となって、徐々に性教育の時間が増えていったんです。それで何年か経ったあとに、「人権と生命」といった総合的なテーマとともに、職員会議で性教育の時間を増やして欲しいと2年がかりで提案しました。幸い僕が勤めていた学校は私立の高校だったので、時間を確保することができた。

清田　僕も学校で性教育を受けてみたかったです。

村瀬　その後も順調に広がっていって、性教育の取り組みを新聞で取り上げてもらったり、書籍や講演会の依頼がきたりしました。82年には「〃人間と性〃教育研究協議会」という全国的な研究団体の設立にも関わり、89年からは一橋大学、さらに津田塾大学、東京女子大学で非常勤講師をするようになった。そして92年には学習指導要領が改訂され、性に関する具体的な指導が盛り込まれるところまで到達したんです。

清田　92年は〃性教育元年〃と呼ばれているそうですね。まるで『プロジェクトX』のようです。

村瀬　ところがね……21世紀に入って以降、性教育に大きな逆風が吹き荒れるんですよ。女性の自立や性の対等・平等性などが進むことに、時の政権が危機感を覚えた。いわゆる「バックラッシュ」と呼ばれる動きです。特に元首相である安倍晋三さんなんかは、自民党幹事長代理時代の2005年に「過激な性教育・ジェンダーフリー教育実態調査プロジェクトチーム」を設置し、性教育を激しくバッシングしました。その事務局長を務めていた山谷えり子さんとは、フジテレビの討論番組で向き合いましたが、

「性なんて教える必要はない」「オシベとメシベの夢のある話をしているのがいい」「結婚してから知ればいい」などというのがその主張でした。

清田　うわっ、めちゃくちゃ反動的かつ前時代的な発想ですね……。

村瀬　それで文科省の学習指導要領がまた変わっちゃって、科学的な知識としての「受精」は扱うけど、「受精に至るプロセス」は扱わないことになった。さらには「性交」という単語も削除され、「性的接触」と呼ばれ、ペニスは「陰茎」と表現されるように……。こういうことがあって日本の性教育は一気に退潮し、世界の中で〝性教育後進国〟となってしまったんです。

「レイプはセックスのバリエーション」なのか

清田　性教育は僕らの人生に関わる重大な問題なのに、そこにまさか政治的な権力が介入していたとは……ちょっと驚きでした。

村瀬　僕は昔から、性というのは政治の「政」、宗教の「聖」、そして人生の「生」と、全部の〝せい〟がつながったひとつの問題だと学生に言ってきました。性って、単にセックスの「性」だけを考えていてもわからない問題なんですよ。

清田　なるほど。日本では意識するシーンは少ないかもしれませんが、宗教的な戒律というのも、確かに性の問題と深く関わっていますよね。

村瀬　もちろん、性に絶対的な正解があるわけではありません。個人や社会の価値観が反映される問題であり、客観的な事実を学んだ上で、それぞれがそれぞれの性のあり方を模索していくしかないでしょう。しかし、「学ばない」というのは恐ろしいことです。例えば講義のあと、「レイプが女性の人格を切り裂く殺人的行為だなんて考えたこともなかった。セックスのバリエーションのひとつくらいに思っていた」という感想文を書いてきた男子学生がいましたが、僕はこれに大きなショックを受けた。学ばない、とはこういうことなんです。

清田　若い男子がナチュラルにそう思い込んでしまっている事実が性教育の不足を物語っているような気がします。誤解や偏見の渦に巻き込まれたことによってとんでもない誤認識が起こっているわけで……。

村瀬　そうなんですよ。だから性教育というのは、新しい知識を学ぶことだけじゃなく、間違った知識を「学び落とす」という行為でもある。

清田　本当ですね。自民党は学校での性教育を「不適切」とバッシングしたそうですが、不適切なのはむしろ教えないことのほうだろって話ですよね。しかも、今後ますますその方向に進みそうで怖いです……。

村瀬　子どもたちが性の関心や主体性を持つことは、心身の健康に関わる大事な問題なのに、それを非行とみなして抑制するような動きは昔から存在している。僕もそこをずっと心配し続けています。

清田　これって子どもだけの話ではなく、すでに成人している人にも関係する問題ですよね。大人だからといって性の正しい知識やリテラシーが身についているかというと、全然そんなことはないわけで。

村瀬　そうですね。今はネット環境が行き届いたこともあって、お手軽に性的刺激を得られる時代になっている。そういう中では遠回りで面倒くさいように思われちゃうかもしれないけど、やはりまずは「性とは何か？」というところから考えて、きちんと事実を積み上げていくことが大事でしょう。近年「性の多様性と人権」という課題もクローズアップされていますしね。

清田　自分含め、大人の男性こそ根本的な部分から学び直す必要があると感じました。

村瀬　性を学ぶというのは、単に失敗しないため、問題を起こさないためというばかりでなく、自分の心と身体を知り、相手と幸せな関係を築けるようになるというプラスの側面も多々ある。そこもどうかお忘れなく（笑）。

清田　僕も泣きながらチン毛を剃っていた日々からしっかり人生を振り返り、「政」「聖」「生」という観点から自分の性について考えを深めていきたいと思います。

PART3
迷惑だと
思われて
いること

その9 イキるくせに行動が伴わない男たち

なぜ行動に移さないのか

イキる――。なんだか今回は挑発的な言葉を使ってしまってすみません。これは「粋がる」や「いきり立つ」などのニュアンスを混ぜ合わせた造語で、強がる、調子こく、大口を叩く、強く見せる、見栄を張る……など、意味もイメージもあまり良いとはいえない言葉ですね。そこへさらに「くせに」「行動が伴わない」なんてネガティブな言葉をダブルで追加されたら、気分を害する人がほとんどだと思います。

ただ、こうとしか形容できないような男性たちの姿が数多く報告されていることもまた事実です。いくつか事例を紹介してみます。

- 「会社を3年で辞めて起業する」と宣言した男友達がいつまでも会社を辞めない
- 「俺になんでも言え」と語る先輩にセクハラ上司の話をしたが、何もしてくれない
- 偉そうに仕事論を語る上司だが、顧客からクレームの電話がくるとスッと消える

・「あのやり方じゃ全然ダメ」と批判ばかりで自分からは代案を出さない同僚
・裏では散々悪口を言っているくせに、上司の前になると急にペコペコし始める先輩

……いかがでしょうか。そう言えば昔、缶コーヒーのCM（サントリー「ボス・セブン」／1998年）にもこんなものがありました。「日本は世界からナメられてる」と、居酒屋で政治家の弱腰外交を批判するサラリーマンの男性。「俺ならガツンと言っちゃうよ」とイキった直後、突然シーンが切り替わり、なぜか首脳会談のような場に放り込まれ、隣にはアメリカのクリントン大統領が。そして「テルミー、ガツン」と迫ってくるクリントン大統領を前に、男性はビビりながら缶コーヒーを飲む――。そんなCMでした。

当時大ヒットし、「ボス」をトップブランドに押し上げたCMとしても有名ですが、振り返りながら、私はとても複雑な気分になっています。第三者として眺めている分には、「あははは、情けないね〜」なんて滑稽な話として笑えます。しかし、「もしも自分がその立場になったら……」と想像すると、途端にその余裕は失われます。内容が違えど自分も同じようにイキったことがあるし、同じように日和ってしまったことがあるからです。

先の事例は仕事絡みの話ばかりでしたが、これは何も職場に限ったことではありません。女性たちが聞かせてくれた話の中には、例えば義理の両親に言いづらいことが発生し、「俺がおふくろに言っとくよ」と仲介役を引き受けてくれたものの、いつまで経っても伝

えてくれた形跡が見えない夫や、飲食店で隣の席にいたうるさい団体が帰るや否や、「マジでキレる寸前だったわ」とやおらイキリ始めた男友達など、プライベートのシーンにおける「イキるくせに行動が伴わない男たち」のエピソードも少なくありません。我々男性にとって「イキる」とは一体なんなのか……。

男たちはなぜわざわざイキるのか？

では、どこに問題があるのでしょうか。最初に言っておきたいのは、これは何も「日和るのは男らしくない」とか、「口だけ男は情けない」とか、「言ってることとやってることが矛盾しててダサい」とか、そういう類の話では決してないということです。また、「男は黙って行動するのが一番カッコイイ」という価値観を推奨するものでもありません。じゃあ、なんなのか。女性たちの話から浮かび上がってきた最大の疑問、それは「なぜわざわざイキるのか？」という問題です。

確かに、よく考えたら不思議ですよね。発言すればある種の責任が発生してしまうわけで、例えば「会社を3年で辞めて起業する」なんて宣言をしたら、本来なら持つ必要のない責任を背負ってしまうことになります。もちろん途中で気が変わったっていいですし、別に義務というわけでもないので、会社を辞めないでいるのは本人の自由であり、何も悪いことはありません。

しかし、宣言したのにやらないとなると、周囲からマイナスの印象を持たれかねないし、どのみち会社を辞めて起業するのだとしたら、最初に宣言して余計な責任を背負うのはリスクしかありません。百歩譲って「宣言することで自分にプレッシャーをかけている」という可能性もあるかもしれませんが、そこまでの覚悟が見えるなら、周囲はそれを「イキる」という言葉で形容しないでしょう。

だとしたら、なぜなのでしょうか。人はどうしてイキってしまうのか。それはおそらく、**イキることが〝快感〟だからです。**

「手軽に快感をゲットできる」というワナ

イキるという行為のメカニズムを考えてみると、その根底に気持ち良さが潜んでいることが見えてきます。先に挙げた事例で言えば、これらの部分が「イキる」に該当するものだと思われますが、

- **友達に「会社を3年で辞めて起業する」と語る**
- **後輩に「俺になんでも言え」と語る**

・経験の浅い部下たちに仕事論を偉そうに語る
・「あのやり方じゃ全然ダメ」と批判する
・裏で上司の悪口を言う

……どうでしょう？ めっちゃ気持ち良さそうじゃないですか？ これらは言わば、どれも**「俺はすごい」というアピール**のバリエーションです。俺はこんな会社にいる器の人間じゃないから、いずれ自分の会社を立ち上げる。俺にはうまく行く方法が見えているのに、バカな上司は何もわかってない。そんな自己像をアピールすることには強烈な快感が付随するだろうし、頼れる先輩としての自分や、経験から導き出した持論を、女性や若輩者に対して顕示することもやはり気持ちが良さそうです。

しかもこれらのほとんどは「言う」「語る」のみで達成できてしまうため、端的に言ってコスパがいい（＝労力よりリターンが勝る）。そうやって考えていくと、イキることの背景には「手軽に快感をゲットできる」という動機が存在していることが見えてきます。

ただし、先述したように発言には責任が伴ってしまうわけで、実際は単にコスパがいい行為というものでもありません。無闇に自己イメージを高めてしまえば、それに見合う行動を期待されてしまうのが道理です。ここで厄介なのは、「期待されはするものの、必ずしも義務というわけではない」という点です。だからイキる側も発言に責任が発生していることに気づきにくいし、周囲も「言ったからにはやれよ！」と強く迫れるわけでもない——。これが「イキるくせに行動が伴わない男たち」が量産されるメカニズムではないかと考えられます。

ペナルティとして信用が目減りしていく

では、「イキるくせに行動が伴わない男たち」の何が問題なのでしょうか。誰しも快感に惹(ひ)かれてついイキってしまう危険性は大いにあるし、明確な責任が発生するわけでもないとなると、この構造から抜け出すのは困難なようにも思えてきます。また、自分に対する見積りと、現実の自分との間に乖離(かいり)があり、その差額を埋めるためにイキってしまう、という側面もあるかもしれません。しかし、イキることの代償は確実に存在しています。それは「**信用を食いつぶす**」という代償です。

イキるのは、クレジットカードで買い物することにも似ています。後払い方式で欲しいものを先にゲットする。担保になっているのは「信用」です。行動が伴わないというのは、先に使ったお金を払わないことに相当します。そして、そのペナルティとして信用が目減りしていく……。そう考えると、ちょっと恐ろしいことのように思えてきませんか？

相手は自分のことを思いのほか細かく観察しているし、信用がなくなってくると、最悪

イキることのメカニズム

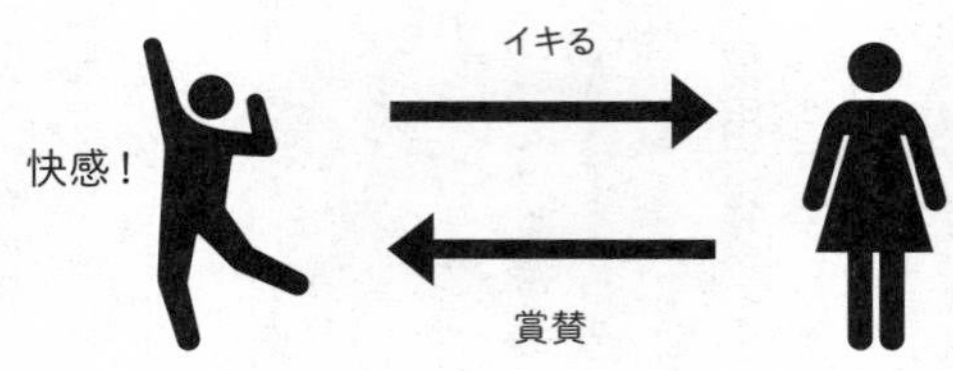

しかし、「行動」が伴わないとやがて
信用を食いつぶすことになる

の場合、関係を断たれてしまうことにもつながりかねない。

例えば以前、精神的に不安定な彼氏に悩む女性の話を聞きました。その彼は自分のことを「メンヘラ」と称しており、自己否定するようなことを言ったり、自死を予感させるようなことを言ったりして彼女を縛りつけようとしていました。そんな彼があるとき、彼女の前で自暴自棄な気持ちになって取り乱し、枕を叩きつけるなど暴れ始めました。そして「俺なんか死ねばいいんだ！」と叫びながら思いっきり壁を殴りつけようとしたその瞬間……彼女は決定的な瞬間を見てしまいました。なんと彼は、拳が壁に当たる寸前でパンチの威力を弱めたのです。

これを機に彼女は別れを決心しました。情けないとか、どうせなら骨折するくらい思いっきり殴れよとか思ったからではありません。「本当は大丈夫な人なんだ」と思ったから別れる決心がついたそうです。

ここで彼が失ったのが信用です。彼はおそらく、彼女の前で情緒不安定になったり自暴自棄になることで、「甘え」という快感を得ていたはずです。それを支えていたのは、彼女の中にある「彼のそばにいないと本当に危ないかも」という不安感でした。しかし、壁の寸前でパンチをゆるめた瞬間を目撃し、それは崩れました。もちろん壁にパンチなんてしないほうがいいし、ケガをせずに済んだのはよかったことですが、彼はある意味で信用を失ってしまった。「イキるくせに行動が伴わない男たち」と少し話がズレてしまいましたが、相手は思いのほか自分のことを観察していて、信用を失うと関係性すら終わりかねないことを示す事例として紹介させていただきました。

我々は**信用を担保にイキることの快感を味わっている**。地味な結論ではありますが……このことだけでも頭に入れておいていただけると幸いです。

私、この本でイラストとマンガを描いてます死後くんと申します。
ここでは私の「イキるくせに行動が伴わない」エピソードを紹介します。
SIGO
チュー

学生時代、映画サークルの後輩から人生相談を受けていた時……
サークルで自主映画を撮っていた
先輩は将来のこと悩まないですか？
就活とかどうしてます？

IKIRI
ほら俺はもう映画しかないって決めてるからさ
そういう悩みはもうないかな！
映画監督になる気満々であった…

へースゴイですねー
チュ
あんなにイキったのに映画監督になれなかったので（なる努力もしなかった）、思い返すだに恥ずかしいです。

そして、しがないイラスト描きになった今でもイキってしまうことはあります……
チュー？

仕事の打合せ
でスケジュールの相談なんですが…
正直あまり時間がなくて…

IKIRI
わかりました！じゃあ週明けまでに仕上げますっ！
助かりますっ
結局イキったスケジュールでは間に合わず、先方に謝りの連絡を入れることに……
スイマセンッもう少しお時間を…

その10 男同士になると キャラが変わる男たち

集団になると女性蔑視的になり、話が通じなくなる不思議

みなさんにとって「男同士の関係」とはどういうものでしょうか。地元の友達、学校の同級生、会社の同僚、趣味の仲間など、いろいろな関係があると思います。突然「男同士の関係」とは何かと聞かれても困るかもしれませんが……女性たちの中には、この「男同士の関係」なるものが不思議に映っている人が少なくないようです。一体それはどういうことなのか。まずは事例を紹介します。

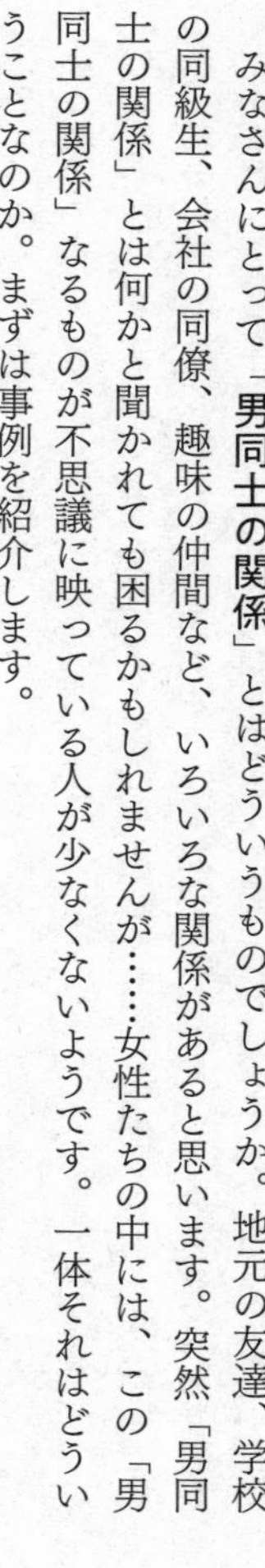

・1対1では優しい彼氏なのに、男友達がいる場だとなぜかオラつき始める
・仕事先の男性たちが連れ立って風俗に行っている。意味がわからない
・彼氏は男同士でつるみがちなタイプなのに、私の男友達とは交流しようとしない
・男友達は仲間内でけなし合っている。仲良しなんだろうけどけなし合う意味が謎
・職場の男たちは集団だと女性蔑視的な発言が増える。一人のときはいい人なのに

さて、いかがでしょうか。女性たちはしばしば、「男同士の関係」をこのような目線で眺めているようです。ここには大きく分けてふたつの疑問があるように思います。それは、

（1）男性はなぜ個人と集団のときでキャラが変わってしまうのか？
（2）男性間のコミュニケーションの様式や文法がよくわからない

という問題です。

我が身を振り返ってみると、女性たちの疑問に激しく共感する部分もある一方、「とはいえ、自分自身にもこういうところがあるような気がする……」と思うところもあり、なんだか複雑な気分です。私は中高6年間を男子校で過ごしたのですが、当時から（1）に関しては個人的に疑問を感じていました。1対1のときは優しくてちゃんと話も聞いてくれるのに、なぜか集団になるとふざけたり騒いだりで、話の通じないキャラになってしまう。そんなタイプの男子が友達にたくさんいて、彼らの変わり様に恐怖とさみしさのような感情を抱いていました。

特に高校生になってからが顕著で、中学までは所属していたサッカー部の仲間で遊ぶことも多かったのですが、徐々に集団行動から距離を取り、友達とは1対1（多くて3人ま

で）の関係を好むようになりました。なぜ個人と集団のときでキャラが変わってしまう男性が多いのか——。これは私にとっても中高時代からずっと気になっているテーマのひとつです。

「俺はこうならないからわからない」

先に挙げた（1）と（2）について、事例を絡めながらもう少し具体的に考えてみます。

（1）男性はなぜ個人と集団のときでキャラが変わってしまうのか？

・個人では「話の通じる人」なのに、集団だとなぜ「話が通じない人」になるのか
・個人では「いい人」なのに、集団だとなぜ「女性蔑視的な発言をする人」になるのか

（2）男性間のコミュニケーションの様式や文法がよくわからない

・同じコミュニティの男性とそれ以外の男性とで、なぜ対応が変わるのか
・友達同士のはずなのに、なぜけなし合うのか
・女性との関係（性的なものも含む）を、わざわざ男同士で共有するのはなぜなのか

女性たちから聞いたエピソードを（1）と（2）に振り分けてみると、このような感じになるかと思います。すべてに「なぜ」という言葉がついているように、女性たちの目にはこれらが不可解に映っており、その理由やメカニズムを知りたがっています。これに男性としてどう回答したらよいのか……。

もちろん男性がみんな同じ原理で動いているわけではないので、統一見解のようなものは出ないと思います。そこで身のまわりにいる他の男性たち——私の目から見て「男同士になるとキャラが変わる」タイプの男性たち数名に意見を聞いてみたところ、興味深い答えが返ってきました。それは「**俺はこうならないからわからない**」というものでした。

俺はこうならないからわからない——。これは非常に象徴的な回答に感じられました。また自分自身にとってもゾッとする結果でした。というのも、アンケートに協力してくれた恩を仇（あだ）で返すようで申し訳ないばかりですが、彼らはみな、男である私の目から見ても「個人↓集団」でキャラが変わるし、けなし合いのようなコミュニケーションもよくやっているタイプの男性たちです。そんな彼らが口々に「俺はこうならないからわからない」と回答した。ここから見えるのは、問題の本質は「無自覚」という部分にあるのかもしれない、ということです。

私がゾッとしたのも同じ理由で、自分としては前述の通り中学生の頃から「個人↓集団」でキャラが変わる友人たちを疑問視してきた経緯があり、男性のそういう性質をとても嫌なものだと思ってきた感覚があります。しかし、過去には男友達の前で恋人をからかって泣かせてしまったこともあるし、男友達と度の過ぎた悪ふざけをし、同じ空間にいた女友達を怒らせてしまったこともあります。

つまり、私にも無自覚にキャラが変わってしまう部分が確実にあるのだと思います。外から見たら明らかな変化があるのに、当の本人にはまったくその自覚がない。これを我々男性はどう考えればよいのか。

鏡をのぞくのはしんどいけれど……

もちろん、「そもそも自覚する必要ってある？」「男同士で楽しくやっている分には問題ないのでは？」という意見もあると思います。しかし、これは「ホモソーシャル」と呼ばれる問題ともつながっていて、男同士の関係は時として、女性たちに対する差別や排除など、ある種の〝実害〟をもたらすものになったりします。

そしておそらく、そこで発生する圧力が男性自身を苦しめている瞬間も少なくないと感じています（弱音を吐き合えない、男同士のノリに無理して適応しようとする、など）。だとするならば、改めて見つめ直してみる価値はありそうです（この問題に関しては、153ページから始まる前川直哉さんとの対話でさらに深く掘り下げます）。

ホモソーシャルは男女双方に悪影響?

ホモソーシャル

では、どうしたら見つめ直せるのか。そのために役立つと思うのが「**鏡を見る**」という方法です(本人に自覚がないならば、外の目を頼るのが最も合理的だと思うので)。

もちろん、急にキャラが変化した自分や、仲間と連れ立って風俗に通う自分を物理的に鏡に映すことは不可能です。しかし、恋人や妻、同僚や女友達など、近い場所で自分を観察している女性に話を聞いてみることは鏡を見るに等しい効果があるはずだし、男性同士の関わり合いについて書かれた本(＊1)や、男性特有の悩みや問題をテーマにした本(＊2)を読んでみることも発見が多そうです(参考文献は末尾にまとめています)。

あるいは、これはちょっとラディカルな方法ではありますが、男同士でしゃべっているときの様子をスマホやICレコーダーで録音し、一人のときに改めて聞いてみるのも有効だと思います。

鏡に映る自分の姿を眺めるのは、なかなかしんどい行為です。録音された自分の声を聞くのもわりと苦行だと思います（私は仕事で「テープ起こし」という作業をよくやるのですが、自分の声がいつも変に聞こえるし、しゃべり方もなんだか頭悪そうに感じるし、何年やってもまったく好きになれません……）。それでも第三者的な目線から自分を見つめることには学びも多々あります。

例えばスポーツ選手がコーチのアドバイスに耳を傾けたり、お笑い芸人が出演した番組を何度も見返したりするのは、自分の癖や無自覚のミスを発見し、修正するためです。それと同じく、鏡に映る自分の姿を眺める行為には、自分が取りがちな態度や発言の傾向、コミュニケーションを取る上での癖など、いろいろな発見があるはずです。

桃山商事では定期的にウェブラジオや生配信をやっているのですが、番組をくり返し振り返る中で、私も自分自身を客観的に眺め、コミュニケーションをめぐるPDCAサイクルを回してきたような感覚があります（昔のラジオを聞いてみると、女性のことを「女」とか「女の子」と言っていたり、女性の容姿をジャッジするような発言もあったりで、結構しんどいです……）。

なぜ集団になるとキャラが変わってしまうのか。なぜ男同士だとけなしたりからかったりというコミュニケーション様式になってしまうのか。最終的には自分で自分の状態を眺め、そこにある理由やメカニズムを各々が自分なりに言葉にしていくしかありません。そのためにも、まずは鏡の中の自分をのぞくところから始めてみませんか？

＊1『男の絆――明治の学生からボーイズ・ラブまで』（前川直哉著、筑摩書房）
『平成オトコ塾――悩める男子のための全6章』（澁谷知美著、筑摩書房）
『男しか行けない場所に女が行ってきました』（田房永子著、イースト・プレス）
『男子問題の時代？――錯綜するジェンダーと教育のポリティクス』（多賀太著、学文社）
『介護する息子たち――男性性の死角とケアのジェンダー分析』（平山亮著、勁草書房）
＊2『非モテの品格――男にとって「弱さ」とは何か』（杉田俊介著、集英社新書）
『男がつらいよ――絶望の時代の希望の男性学』（田中俊之著、KADOKAWA）
『ボーイズ――男の子はなぜ「男らしく」育つのか』（レイチェル・ギーザ著、DU BOOKS）
『すべてはモテるためである』（二村ヒトシ著、イースト・プレス）
『男は邪魔！――「性差」をめぐる探究』（髙橋秀実著、光文社新書）

すぐ不機嫌になる男たち

なぜ都合が悪くなると黙り込むのか

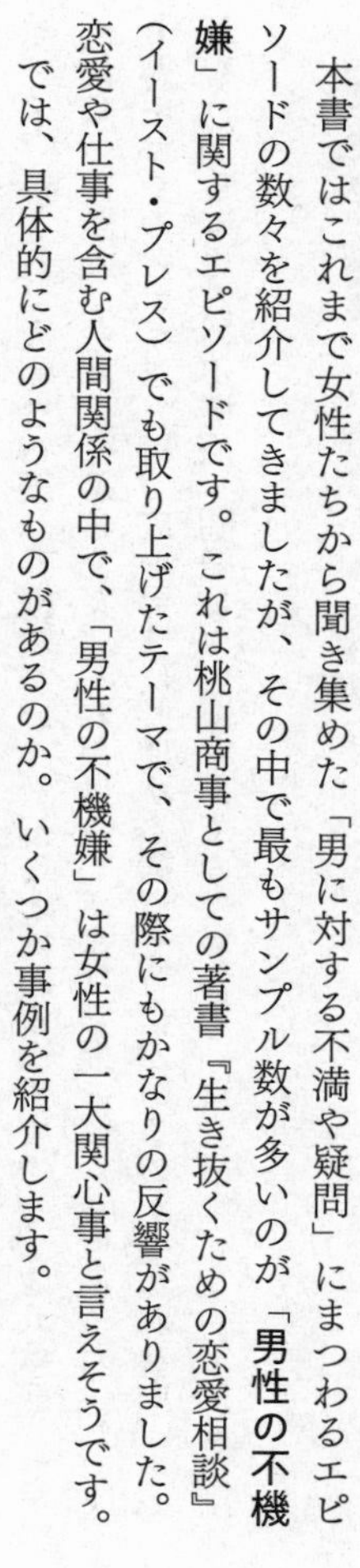

本書ではこれまで女性たちから聞き集めた「男に対する不満や疑問」にまつわるエピソードの数々を紹介してきましたが、その中で最もサンプル数が多いのが「男性の不機嫌」に関するエピソードです。これは桃山商事としての著書『生き抜くための恋愛相談』（イースト・プレス）でも取り上げたテーマで、その際にもかなりの反響がありました。恋愛や仕事を含む人間関係の中で、「男性の不機嫌」は女性の一大関心事と言えそうです。

では、具体的にどのようなものがあるのか。いくつか事例を紹介します。

・彼氏はケンカや話し合いになるとすぐに黙り、不機嫌をまき散らす。それが怖い
・彼氏はうまく行かないことがあると黙り込み、〝話しかけるなオーラ〟を出す
・会社の男性は年齢の上下に関係なく、ミスや間違いを指摘すると機嫌を損ねがち
・夫は不満や要望を言わず自分の中に溜め込むタイプ。なのに不機嫌になるから厄介

・夫に相談しないで何かを決めると機嫌が悪くなるし、したらしたで面倒くさがる

さて、いかがでしょうか。これが女性たちの話に出てくる「すぐ不機嫌になる男たち」の姿ですが、思い当たる節はありましたでしょうか。私もこういう男性たちに既視感がある一方、自分自身も恋人の前で不機嫌をまき散らしたことがあり、胸が苦しくなっています……。もちろん人間なら誰しも機嫌が悪くなることはあるはずですし、これは決して男性に限った話ではありません。ただ、これだけさまざまな女性の口から似通ったエピソードが出てくるということは、広く男性に共通する構造や背景があるのかもしれない。そんな視点から「男性の不機嫌」問題について考えてみたいと思います。

「男性の不機嫌」の問題点とその構造

そもそも、男性の不機嫌は何が問題なのでしょうか。女性たちはどのような点に不満や疑問を感じているのでしょうか。不機嫌問題が悩みの種になるのは、当たり前の話ですが、男性たちが「他者のいるところ」で不機嫌になっているからです。一人のときに不機嫌になる分には、このような問題は起きません（自分自身の苦しみという別の問題はありますが）。

不機嫌と言っても、機嫌というもの自体は目に見えません。それは「黙り込む」「話しかけるなオーラを出す」「テンションが低い」「威圧的になる」など、なんらかの〝態度〟を通じて表現されるものであり、実は機嫌よりも態度にポイントがあることがわかります。

また、先に挙げた事例では「彼氏はケンカや話し合いになるとすぐに黙り、不機嫌をまき散らす」というエピソードがありましたが、相手が恋人ではなく部活の先輩や会社の上司だった場合、彼氏は同じような態度に出たでしょうか。話し合いの中で何か不満を抱いたとして、「黙って不機嫌をまき散らす」という行動で表現したでしょうか。……おそらくしませんよね。これは他の事例にも当てはまることだと思いますが、不機嫌な態度に出ている人は、相手を選んでやっている可能性が高い。つまり「**この人なら大丈夫」という計算あっての不機嫌な態度**、と言えます。

そしてもうひとつ、仮になんらかのネガティブな感情（不満や怒りなど）を抱いたのならば、その理由を説明した上で相手に釈明なり改善なりを求めればまだコミュニケーションの余地は残ります。しかし多くの場合、不機嫌な態度に出る人は理由の説明をせず、「わかるだろ?」「察しろよ」と言わんばかりの態度で不機嫌をまき散らします。こういった部分も大きなポイントと言えそうです。

『生き抜くための恋愛相談』では、仕事やプライベートにかかわらず、すぐ不機嫌になる男性たちに疑問を持つ女性の悩みについて考えました。彼女は男性が不機嫌になる理由がわからず、気を遣い、対処に困り、恐怖を覚えていました。そこで我々は「多くの男性にとって不機嫌な態度は〝便利な手段〟」だと書きました。その理由について述べた部分を引用してみます。

不機嫌になれば要望が通るし、プライドが保てるし、相手が自分に合わせてくれる。そのため問題と向き合わずに済み、体裁を取り繕うためのコストもかからない――。そういう都合のいいことを経験的に知っているため、「なんかムカつく」「なんか不満」「なんかイライラする」といった〝言語化できないネガティブな感情〟に陥ったとき、男性たちは不機嫌になるという便利な手段を多用するのです。（112ページ）

便利というのは本人にとって楽なことであり、得なことでもあります。これがなかなか厄介で、本人にプラスの効果をもたらしてしまっていることから、それが問題であるという意識を持ちづらい。そのため、それを自ら省みようとはなかなか思わないし、他者から批判されても耳を傾けづらい側面があります（誰しも便利なものを手放せと言われたら抵抗を感じるはずですが、構造的にはそれと同じだと思います）。だから、たとえ相手から「不機嫌になるのはやめて欲しい」と言われても、自分の振る舞いを省みるどころか、「不機嫌になんてなっていない」と前提から否定してくるパターンが多いのだと思われます。以上をまとめると、今回の問題は「誰かの前で不機嫌な態度を取り、その理由を説明しない。しかも相手を巧妙に選んでいる」という部分にポイントがあることが見えてきました。さらに、当人にとって便利な手段であるため、意識することや省みることが難しいという構造も浮かび上がってきました。我々は、これをどう考えていけばよいでしょうか。

男性の不機嫌と女性の不機嫌の違い

これまで考えてきたポイントや構造は何も男性だけに当てはまるものではありません。女性だって不機嫌な態度に出るし、それに苦しめられた経験のある男性もいるはずです。事実、ウェブメディアの連載で男性の不機嫌問題を取り上げたとき、「不機嫌になるのはむしろ女のほうだろ!」「女の不機嫌のほうが厄介だ!」というコメントが数多くつきました。不機嫌な女性が怖いという気持ちもわかりますが……だからといって男性の不機嫌が免罪となるわけではないでしょう。

ただ、これはあくまで個人的な印象なのですが、**男性の不機嫌と女性の不機嫌は似て非なるもの**だと感じています。その違いをヒントにしながら、最後に我々男性は不機嫌とどう向き合っていけばいいのかについて考えてみたいと思います。

さまざまな男女の恋バナを聞く中で私が感じているのは、こと対人関係において、男性は「思い通りにならない」ことが原因で不機嫌な態度を取ることが多いのに対し、女性は「思いが伝わらない」ことが不機嫌な態度の理由になることが多いのではないか、ということです。

まず男性のケースから考えてみます。ここで言う「思い通りにならない」とは、自分の中にあるイメージ、ルールや枠組み、思い描いていた手順、想定の範囲、期待していた展開……といったものから外れてしまうことを指します。こういう事態に遭遇したときに男性たちはストレスを感じ、機嫌を損ねることが多いように感じます。そこで不機嫌な態度を取り、相手から〝忖度(そんたく)〟を引き出してその解消を目指そうとする……。これが「便利な手段」と先に述べたゆえんです。

一方の「思いが伝わらない」とはどういうことか。女性たちの恋バナを聞いていると、ディテールの描写がとても細かいことに驚きます。これは「自分の気持ちを言語化する力」に長(た)けているから、またそれが習慣となっているからだと思うのですが、それがゆえに発生してしまうのが「ここまで言葉にしているのにどうして伝わらないの!?」というストレスです。自分がなぜ機嫌を損ねているのかはわかっているし、説明もできる。それをわかって欲しいという気持ちもあるし、相手にも責任の一端がある場合は、問題の所在を共有した上で相手の考えを聞きたい。しかし、丁寧に説明しても話が通じないし、的外れな反応ばかり返ってくる……。その絶望感や諦めの表現として、女性は不機嫌な態度を取るケースが多いように感じます。

もちろん男女のすべてのすれ違いにこの枠組みが当てはまるわけではないですし、不機嫌な態度にはもっとさまざまな背景があるだろうと思います。ただ、いま挙げたような男女差をひとつの傾向と捉えると、女性にあって男性にないものが見えてきます。

それは「**感情の言語化**」です。

「感情の言語化」のメカニズム

冒頭に挙げた5つの事例で不機嫌になった男性たちは概ね「黙る」という行動を選択しています。また、理由の説明をせずに忖度を求めるという問題点も見られました。ここで気になるのが男性たちは不機嫌の理由を説明「しない」のか「できない」のかということですが、私は後者ではないかと考えています。というのも、女性に比べると、男性たちの恋バナはディテールに乏しい印象があります。特に感情面の説明となるとさらに話がぼんやりしてくる傾向にある。

例えば以前、妻に浮気をされてしまった男性の話を聞いたことがあります。悲しかったのか腹立たしかったのか、どんな気持ちだったかをたずねると、男性は「そういうことじゃなくて不倫はルール違反なんだからダメでしょ」と答えました。また、妻や恋人から愛情表現の不足を指摘された男性が「結婚してること（付き合ってること）が愛してることの証拠だ」と答えて呆れられる、といった話もあるあるです。

こういった事例を見ていると、男性はもしかしたら、自分の身に生じたネガティブな感情を非常に〝**低解像度**〟で捉えているのかも……というような気がしてなりません（先ほどの引用の中の「なんかムカつく」「なんか不満」「なんかイライラする」という捉え方がそれです）。

つまり、何がどうストレスで、自分の中にどのような不快感が発生しているのか、それを理解（＝言葉で捉える）しないまま相手に「取り除け！」「ケアしろ！」と求めている――。これが不機嫌な男性の実態ではないかと思います。

もっとも、「感情の言語化」と言っても、それは必ずしも簡単なものではないはずです。コミュニケーションのメカニズムに迫った『ソーシャル・マジョリティ研究』（綾屋紗月ほか著、金子書房）によれば、感情体験とは「できごとに感応する身体的把握（＝動悸がする、お腹がキューッとなる、手が震えるなど）」と「社会的文脈にもとづく言語的理解（＝○○さんのことが好きなんだ、○○によって緊張しているんだ、○○に対して怒っているんだ）」のふたつが結びついてようやく成立するものだと言います。

たとえば、大勢の前で何かを披露しなければならないとき、勝手に身体が文脈に感応してドキドキするわけです。身体はこのドキドキというかたちですでに自分の置かれている状況を「把握」しています。でもそれは身体レベルなので、明確に言葉にしたり自覚できたりするものではありません。ふと自分のドキドキや身体の固さに意識が向いたときにはじめて、そこに文脈にもとづいた「緊張」という言葉が与えられ「理解」されます。（第1章・澤田唯人「人の気持ちはどこからくるの？」／46ページ）

このように、「感情の言語化」とひと口に言っても、そこには複雑なメカニズムが存在していることがわかります。意識してもすぐにできるものではないかもしれませんが、もしも自分の中にネ

感情を言語化するためには

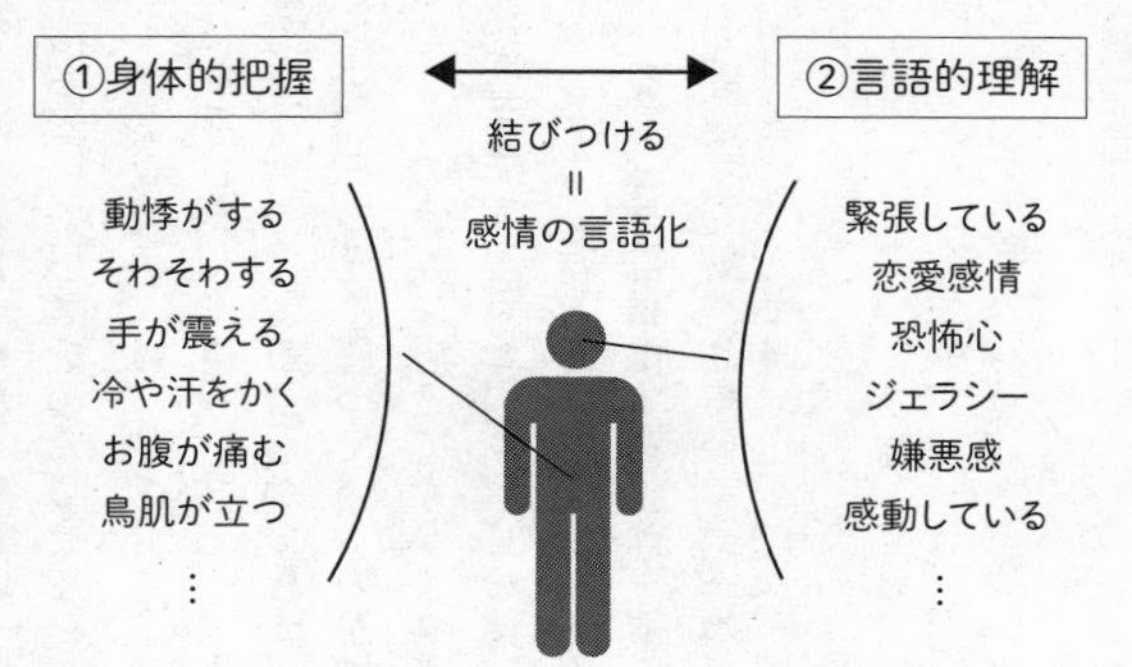

ガティブな感情が発生したときは、身体に起こった変化をよく観察し、それを感じ切ってから、どのような文脈で起こったものなのか、いったん落ち着いて思考をめぐらせてみる。そんな習慣を身につけていくことが感情の言語化の第一歩と言えそうです。黙り込むことで相手に感情を察してもらう。不機嫌な態度を取ることで相手に対処を丸投げする。このようなことを続けていては、いつまで経っても自分の感情を言葉で捉えることができず、自分自身も苦しいし、相手にもストレスを与えてしまいます。その先に待っているのが相手からの諦めや絶望だとしたら……私にはとても恐ろしいことのように思えてなりません。

そのループを断ち切るためにも、まずは**感情の言語化が苦手**であるという自覚を持ってみることから始め、それを相手に開示した上で、コミュニケーションを図りながら対処法をそのつど考えていく。そんな風にして自分が感じていることを言語化する訓練を積んでいくのはいかがでしょうか。それが「不機嫌まき散らし問題」を解決していく第一歩になると私は考えています。

何ごとも適当で大雑把な男たち

誰かにツケが回ったり、愛想を尽かされたりするリスク

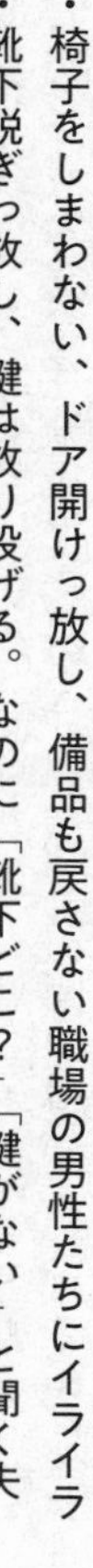

- 椅子をしまわない、ドア開けっ放し、備品も戻さない職場の男性たちにイライラ
- 靴下脱ぎっ放し、鍵は放り投げる。なのに「靴下どこ？」「鍵がない」と聞く夫
- 彼氏は食べ終わった食器を洗ってくれるが、洗い残しが目立ち、食器の扱い方も雑
- 夫にスーパーで買い物を頼むと必ず何か忘れる。仕事ではキッチリな人なのに
- 元カレは嘘の詰めが甘い人だった。細部が適当ですぐにバレるような嘘をつく

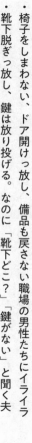

桃山商事で聞く女性たちの話には、このような男性たちのエピソードが頻繁に登場します。いかがでしょうか。どれか思い当たるものはありますか？　私の場合は洗いものです。早く終わらせたい気持ちが先行するあまり、洗い方がやや適当になってる感が正直あるので、のっけから気が重くなっています。

職場のイライラから生活でのモヤモヤまでさまざまなエピソードがありましたが、これらの問題はどこにポイントがあるのか。女性たちから聞こえてくるのは「なぜあんなにも適当で大雑把なのか?」という声です。

適当で大雑把……概ねこれらはネガティブな意味で使われる言葉ですよね。おつかいを頼んだのに適当なものを買ってこられては料理のプランが狂うだろうし、食器を大雑把に洗われたらやり直しという二度手間が発生しかねません。適当で大雑把は確かに問題です。ただし、ここで考えたいのは個人の「性格」や「資質」の話ではありません。事例をよく見てみると、これらはすべて「他者との関わりが発生するシーン」で起こっている問題であることがわかります。極端な話、個人の領域であれば、靴下を脱ぎっ放しにしようが、どれだけお皿を適当に洗おうが、それは当人の自由であり、他人に口を出される筋合いはないでしょう。

しかし、恋人や家族、友人や職場の人など、他者の関わる場面になると話は変わってきます。適当で大雑把な行為のツケが誰かに回ってしまう可能性があるし、たとえ自分としてはきちんとやったつもりでも、それを他者がどう受け取るかはわかりません。ムカつかれたり愛想を尽かされたりするリスクも伴う問題なわけで……一度、我が身を振り返りながら考えてみる価値はありそうです。

「適当」や「大雑把」に絶対的な基準があるわけではない

最初に、この問題のはらむ難しさについて考えてみたいと思います。例えばAさんがBさんに対して「適当」「大雑把」という印象を持つとき、それはBさんの行った作業がAさんの求めるレベルに達していない、あるいはAさんが「普通こうするでしょ」と思っているイメージから離れていた、ということを意味します。

便宜的に数値化してみると、Bさんの作業が10段階のレベル5で、Aさんの求めるレベルが8だったとします。この場合、一見Bさんが悪いように思えてしまいますが、そもそもAさんの求めるレベルが5だったら何も問題はなかったわけだし、それが3くらいであったら、むしろ期待以上と喜ばれたことでしょう。Bさんの作業が適当で大雑把だったかどうかはあくまで〝Aさん基準〟での話だし、そもそもAさんの求めるレベルが適切なものであったかどうかも、本来なら検討の余地が残る話です。

しかもAさんの考えるレベル5とBさんの考えるレベル5が同じ状態を意味しているとも限らず、仮に同じであっても、その状態をBさんは快適と感じ、Aさんは不快と感じるといったような感覚の違いもあるかもしれません。さらにこれが複数人の関わるシーンになってくると……もはやどこに基準があるのかさっぱりわからなくなってきますよね。

私は現在フリーランスの在宅ワーカーですが、以前働いていた会社では、椅子の出しっ放しが問題になったことがあります。仮に全員がそれを気にしない職場だったらなんの問題にもならなかったかもしれませんが、我々の職場には一人だけそれがどうしても気になるという男性社員がいて、彼にとってはストレス因子になっていました。この場合、「出した椅子はしまうべし」という〝常識〟がバックにあるだけに、気にする彼のほうが正義の側に立っていたのですが、強い口調で度々注意され、「確かにしまったほうがいいかもしれないけど、みんな気にしてないんだから別にいいじゃん……どうせまたすぐに座るんだし……ぶつぶつ」と、みんなでモヤモヤしたことを覚えています。なんだか話がややこしくなってしまいましたが、ここで確認しておきたいのは、**適当や大雑把と判断するとき、実はそこに絶対的な基準があるわけではない**ということです。

自分自身は楽になるけれど……

このような構造があるため、これらは一概に「適当で大雑把な人」が悪いと言える話ではないでしょう。先の例で言うAさん側にもBさん側にも歩み寄りが必要な問題だと思います。

ただし、現実問題として「何ごとも適当で大雑把なこと」を多くの男性に共通する傾向と感じ、それを疑問に思うばかりか、苛立ちを通り越して諦めすら感じている女性は多いわけで、この事実を無視することはできません。では、どこに問題があるのか。意見を聞かせてくれた女性の一人はこう語ります。

「だらしないのがダメだとか言ってるわけじゃないんです。私にだって適当で大雑把な部分は多々ありますし、生まれ持った性質的に、片づけがどうしてもできないとか、整理整頓が苦手とか、そういうこともあると思います。ただ、職場の男性たちや過去の恋人などを見ていると、自分のデスクまわりはキレイなのに備品の扱いが雑とか、仕事ではキッチリしてる人なのに家だと途端にだらしなくなるとか、そういうところが不思議なんですよね。あと、対策について話し合えないのもイヤだなって思います。ものを出しっ放しにするとか、掃除機のかけ方が雑とか、それ自体は仕方ないと思うんですよ。改善策を考えるなり、『ここは適当でいっか』と落としどころを探るなりできればいいので。でも、男の人たちってすぐ『怒られる！』『責められてる！』って感じて身を固くしますよね。中にはちょっと口を出しただけで露骨に不機嫌になる人もいます。そういう態度を取られると余計に腹立つし、機嫌を取りながら話し合いを持ちかけるのも疲れるし、次第に『もういいや』って、怒りを通り越して諦めの心境になってしまうんですよね……」

ここにはふたつのポイントが含まれているように思います。

（1）「やればできるはずなのに、なぜやらない？」という疑問

（2）指摘すると機嫌を損ねるので話し合いができない

これらは「何ごとも適当で大雑把な男たち」の問題点を考えていくための大きなヒントになるはずです。

まず（1）ですが、これは言い換えれば「なぜ面倒を押し付けるの？」という指摘ですよね。適当で大雑把な行為の背景には、「面倒くさい」という感覚が存在しているはずです。椅子をしまう、ドアを閉める、備品を元に戻す、靴下を洗濯カゴに入れる、丁寧にお皿を洗う、頼まれた仕事を正確にこなす……これらはどれも労力を要するものです。つまりエネルギーを使うわけです。適当で大雑把にこなすことは省エネ行為なので、自分自身は楽になります。しかしその結果、行方不明の備品やお皿の洗い残しといった〝ツケ〟が誰かに回ることになります（この構造は14ページからの「小さな面倒を押し付けてくる男たち」で考えた問題と同じですね）。

考えればすぐにわかりそうなものだよね？　どうして自分でやらないの？　どれも簡単なことだよね？　誰かが代わりにやってくれてることについてはどう考えてるの？　そんなことも想像できないの？　それとも「俺の仕事じゃない」くらいに思っているわけ？

……と、女性たちの中には本来、疑問を通り越して理詰めで追い込んでやりたいくらいの気持ちもあったりするようですが、これすらも抑制していると言います。なぜなら（2）「指摘すると機嫌を損ねる」からです。

ここまで散々述べてきたように、ドアの開けっ放しや靴下の脱ぎっ放しが必ずしも悪いというわけではありません。その空間を使用する人たちの間で合意が取れていればまったく問題ないし、「疲れてるときは仕方ない。元気のあるときに自分で元に戻そう」などのルールを設けてクリアすることだって十分に可能です。しかし、そのための話し合いすらできないとなると問題です。責めたり怒ったりしたいわけじゃないのに……なぜ男性たちはすぐに身構えるのか。なぜすぐに不機嫌になってしまうのか。このあたりについて当事者として考えてみることが大事ではないかと思います（こちらに関しては133ページからの「すぐ不機嫌になる男たち」も参考にしてみてください）。

「ともに生きるために必要なコスト」をどう考えるか

では、「何ごとも適当で大雑把」の事例に思い当たる男性たちは一体どうすればいいか。どれも仕事や日常のちょっとした場面で遭遇するものだし、常にエネルギーが満タンというわけでもないので、一つひとつ完璧に対応していくのはとても難しいでしょう。また、そもそも正解があるような問題でもないので、「これで解決！」となるようなファイナルアンサーも存在しないはずです。

思うにこれは、「ともに生きるために必要なコスト」をどう考えるかという問題に行き着くのではないでしょうか。職場や家庭に限らず、誰かと一緒に過ごすことには必ず面倒がつきまといます。価値観も感覚も習慣も異なる他者との間にすれ違いが生じるのは当たり前だし、その調整にかかるコストもバカになりません。

しかし、ともに生きていくためには他者とのすり合わせが不可欠です。同じ空間を共有するならば、なるべくみんなが快適に過ごせるような状態を探り、各々がその維持に努める必要が生じます。また、自己責任の範疇（はんちゅう）からはみ出て、責任の所在が曖昧な事象も頻繁に発生します（例えば共有スペースの掃除や備品の補充など）。そのつど気づいた人がやるのか、それともあらかじめ役割分担を決めておくのか……など、細かく見ていけば調整すべき事柄は無限に見つかります。考えれば考えるほど面倒です。それでもやはり、そこでともに生きていくためには調整やメンテナンスを逐一していかなければならないわけです。

そういったことを適当に大雑把にやっつけることは、言うなれば「**税金を払わない**」ことにも似ています。他者にばかり負担を押し付け、自分は楽を享受するわけで……ツケを払わされることになった人がモヤモヤするのも当然です。

夫に頼んだ洗濯物が取り込まれていなかったとき、職場の男性が使った湯飲みを洗わずに放置していたとき、「この人はこんな小さな面倒すら負担する気がないんだな」と、結構な絶望を感じている女性は少なくありません。それは面倒を押し付けられたモヤモヤというレベルをはるかに超え、「こいつとはもう一緒に生きていけないな」「こいつには何を言っても無駄だな」「こいつは私の存在を軽く見ているんだな」と、ともに生きることを諦め、心をシャットダウンされることにも発展しかねません（嘘の詰めが甘いことですら、「どうせつくなら絶対バレないように頭を働かせろ」「それをしないのは怠慢だ」と受け取られているわけなので……）。

ともに生きるためのコストは必ずしも面倒でネガティブなものというわけではなく、それを分かち合う中で連帯感を醸成したり、相手への気配り

「何ごとも適当で大雑把な男たち」は

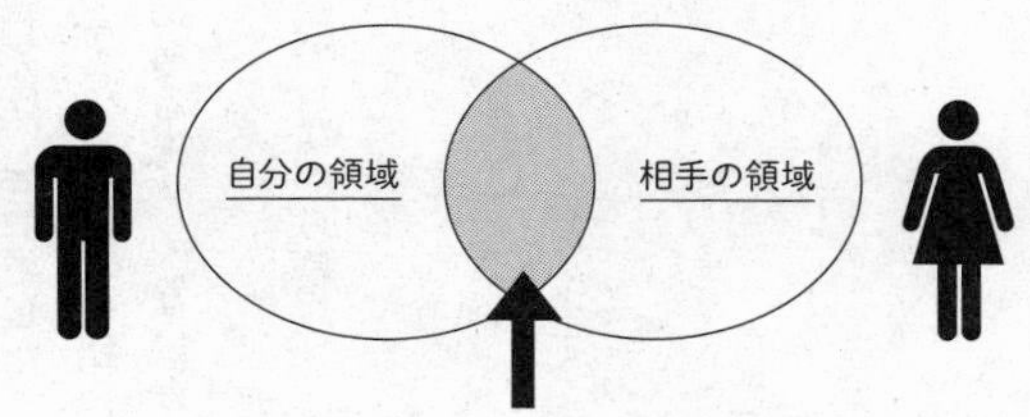

重なり合う領域に関して、
役割や責任を負わず利益だけを得ている?

（＝一緒に過ごしたいという意思）を示すためのツールにもなってくれます。そう考えると、調整コストを支払わなかったり、ましてや不機嫌になって話し合いを拒絶したりすることは、実はかなり恐ろしい行為だという風に思えてきませんか？　これまで一緒に時を過ごしてきた人々の顔を思い浮かべ、「**俺も未払いの税金が結構あるんじゃないか……**」と思い当たることがあったら、注意が必要です。

絶対的な正解はないけれど、必要なコストをできるだけ意識しながら暮らしていく――。これが差し当たっての結論になりますが、みなさんはどう思いますか？

教えて、先生！

テーマ

「ホモソーシャル」

男同士の関係がよくわからない――。そんな話を女性たちからよく聞きます。実はこれ、ジェンダー学の世界では「ホモソーシャル」と呼ばれ、研究されているものでもあります。ここでは、男同士の連帯をめぐる問題を歴史的に検証した『男の絆――明治の学生からボーイズ・ラブまで』の著者である前川直哉さんにお話を伺います。

前川直哉(まえかわなおや)先生

1977年兵庫県生まれ。東京大学教育学部卒業後、京都大学大学院人間・環境学研究科博士後期課程単位取得退学。現在は福島大学教育推進機構・高等教育企画室特任准教授を務める。著書に『男の絆――明治の学生からボーイズ・ラブまで』(筑摩書房)、『〈男性同性愛者〉の社会史――アイデンティティの受容／クローゼットへの解放』(作品社)など。

男の絆(きずな)は本当に〝いいもの〟なのか

清田　今回のテーマは「ホモソーシャル」です。これは〝男の絆〟や〝男同士の連帯〟を意味する言葉ですが、ジェンダーの問題に関心のある人にとってはおなじみだけど、知らない人はまったく知らない……という類の言葉ではないかと思います。

前川　そうですね。一般的に、男同士の絆にはポジティブな意味が付与されています。強い友情で結ばれ、互いに切磋琢磨(せっさたくま)し合い、たとえケンカをしても後腐れなくさっぱりしている。そういうイメージで語られることが多く、男の友情を美しく描いた映画や漫画も星の数ほど存在します。

清田　もちろん、男同士仲が良いことはなんの問題もないと思うんです。しかし、ひとたびSNSで「ホモソ」と検索してみると、女性たちの怒りの声が大量にヒットします。「ホモソ野郎」「ホモソ村」「ホモソしぐさ」など、語感からしてただならぬ怒りを感じるキーワードも多々あり、これらのことが示しているように、ホモソーシャルは単に〝いいもの〟として扱えないシロモノではないかと感じます。

前川　背景にはさまざまな理由があると思いますが、そのひとつに、「ホモソーシャルはときに女性に実害を及ぼす」という要素が挙げられます。そもそもホモソーシャルとは、ジェンダー研究の分野で使われる場合は「女性蔑視（ミソジニー）と同性愛嫌悪（ホモフォビア）をベースにした男同士の強固な結びつき、および男たちによる社会の占有」を意味します。例えば男同士連れ立って風俗やキャバクラへ行ったり、男たちが下ネタで盛り上がったりするのは、ホモソーシャルの典型的な風景です。

清田　実際に桃山商事でも、女性から「彼氏の地元グループの飲み会にお酌係として参加させられるのがつらい」「セフレの男に〝誰でもやらせてくれる女〟という噂を流された」といった相談を受けたことがあります。本書でも「男同士になるとキャラが変わる男たち」「上下関係に従順すぎる男たち」という問題を取り上げていますが、これもおそらくホモソーシャルが深く関与している問題の一種ですよね。

前川　これらが最悪の形になると、度々ニュースを騒がせている名門大学生による強制わいせつ事件のような惨事にもつながると思います。

清田　その「ホモソーシャルが女性たちにもたらす害悪」とは、具体的にどういうものなのでしょうか。そもそも、なぜ男の絆を深めるために下ネタや風俗が必要なんですかね？

ホモソーシャルのダメなところ

前川　ひとつは、それによって「自分は異性愛者だ」と暗にアピールできるからです。男の絆というのは、恋愛感情やセックスではなく〝友情〟によってこそ結ばれなくてはならないとされています。そこでは同性愛を連想させる振舞いは厳禁で、「俺たちは仲良しだけど同性愛じゃないよ」というアピールが必要になる。なので、下ネタや風俗というのは、「自分がいかに女好きか（＝同性愛者ではない）」を証明するための便利な手段になるわけです。

清田　確かに、男子コミュニティの中では同性愛者を怖がり、また〝ホモ疑惑〟をかけられることを異様に恐れる風潮がありますよね。

前川　そうですね。さらに、異性愛の下ネタを語ったり、連れ立って風俗に行ったりすることには、「自分たちが性の主体者・支配する側であることを確認できる」という側面もあります。つまり、「俺たちは男だ」という連帯感を得るために女性を必要とするわけです。

清田　なるほど。女性蔑視と同性愛嫌悪をベースにしているというのはそういうことなんですね。なんというか、女の人からしたら「お前らの問題に巻き込むんじゃねえよ」って話ですよね……。

前川　ホモソーシャルの一番ダメなところって、女性を「女」という記号や集合でしか見ていないところなんですよ。女性が自分と同じように社会を担う一員であり、同じように物事を考え、同じようにさまざまなことを感じながら生きている存在だとは見ていない。

清田　多くの男性が胸に手を当てて考えるべき問題だと思います……。そういう価値観を無意識にインストールしてしまっているせいか、ホモソーシャルが許容する女性像ってかなり狭いような印象があります。ホモソーシャルな男性たちや、ホモソを描いた作品（ヤンキー映画や往年のジャンプ漫画など）なんかを見てると、そこに存在する女性像って、男たちのお世話をする「マネージャー」か、高嶺の花みたいな存在の「ミューズ」か、一緒に戦える男勝りの女という意味の「名誉男性」の3種類くらいしかないように感じます。そして、その女性たちの複雑な内面が描かれることはほぼなく、与えられた枠組みから決してはみ出さない。

前川　要するに〝人間扱い〟していないんですよね。一緒に働いていても、恋愛していても、目の前にいる女性を人間として見ていない。女性たちの中には、「ここにいる私をちゃんと見ろよ」っていう苛立ちが相当あると思います。

清田　その一方、男の中には「男同士の絆を確かめるために女性を利用している」なんて意識はないだろうし、「自分は女性を人間として見ていない」という自覚もおそらく皆無のはず。ここが本当に難しいポイントだなと。

前川　もっとも、女性側もこの状況にただ甘んじているわけではありません。ひとつの有効な対抗手段として、「男の絆に巻き込まれるのではなく、輪の外から観賞する」「男の絆を『萌え』の対象にする」という方法が生み出されることになります。

清田　著書『男の絆』でも、「チーム男子」や「ボーイズ・ラブ（BL）」など、男の絆を萌え対象として楽しむ女性たちの話が紹介されていましたね。

前川　だから、別に男たちが仲良くすること自体が悪いわけではない。それは大いに結構なんだけど、女性がコミュニティや社会から排除されたり、男性に有利な仕組みが変化しなかったりすることが問題なんです。

下駄を履いていることに無自覚な男たち

清田　女性が社会から排除される仕組みという

のは、ホモソーシャルとどう関係しているのでしょうか。

前川　政治家や企業の管理職に女性が圧倒的に少ないという状況が如実に示していますが、この社会には「公的な空間を担うのは男で、女の領域は家庭」という考えがまだまだ根強い。これは社会を「男の絆」で占有するべく、長い時間をかけて構築されてきた強固なロジックなんです。女性を一緒に社会を担う一員だと思ってないから、会社でセクハラをしたり、お茶くみや掃除といった〝家庭的〟な仕事を押し付けたりするわけです。

清田　「お茶は女性が淹れたほうがうまい」とか、「掃除は女性のほうが得意だから」とか、そういう謎の理屈を振りかざす人もいたりしますよね。

前川　例えば女性社員が結婚して会社を辞めることを「寿退社」なんて言いますが、その根底には、女性の本当の居場所は会社じゃなくて家庭であり、そこに入るのはめでたいこと、という考えがある。だからこれは一種の排除なんですよ。

清田　男性には「結婚したら会社を辞めなきゃいけないのかな？」なんて発想はないし、寿退社という概念すらない。

前川　「女性の居場所は家庭の中にあって、職場は男だけで回したほうが効率的だしやりやすい」と考えている男性は本当に多いし、日本型のハードワークはこの考えをベースにできあがっているわけです。例えばマスメディアなんかその最たるもので、新聞などは保守だろうがリベラルだろうが、新聞社である以上、夜討ち朝駆けが必要になってくる。その働き方って、家に専業主婦の人がいることが前提とされているんですよ。働きながら家事も子育てもできるシステムにはなっていない。これは新聞社に限らず、日本の社会全体に当てはまる問題です。

清田　ホモソーシャルは社会構造ともガッチリ

結びついている、と……。

前川　だから男性はまず、自分たちが下駄を履かせてもらっていることを自覚するべきなんですよ。以前、女性管理職比率の向上に取り組むカルビーの伊藤秀二社長（当時）が「女性が4割いるなら管理職も4割いるのが当たり前。女性にゲタをはかせているとの批判があるが、もともとゲタをはいていた男性に脱いでもらっただけ」と発言していましたが（『朝日新聞』2016年10月3日）、本当にその通りだなと。下駄を脱ぐのは勇気の要ることだけど、そのほうが平等で持続可能な社会になるわけで、さっさと脱いだほうがいい。

清田　でも、現実には「下駄を履いているのは一部の勝ち組男性だけで、俺たちはむしろ損ばかりしている被害者だ」って思っている人もかなり多いように感じます。

前川　そうなんですよね。バカバカしいなって思うのは、日本は非常に女性優位な社会だと思っている男性が相当数いるわけですよ。「差別されているのはむしろ俺たちのほうだ！」って。よく持ち出されるのは映画館のレディースデーと女性専用車両の話ですよね。じゃ、わかったと。メンズデーも男性専用車両も作りましょう。その代わり給料は逆にしてもいいですか？　就職倍率も逆になったらどうなりますか？　ってなったら焦り出すはずなのに、そこに想像が及ばない。それは結局、自分が男性であることで得をしているっていう意識がないからなんですよね。

清田　ただ、「自分は男だけど賃金は低いし職場もブラックで苦しんでいる」という男性には、男性であることによる〝得〟が理解できず、「専業主婦という道が用意されている（かのように見える）女性」が優遇されているように映るのかもしれません。そう考えるとホモソーシャルって、勝ち組男性たちが生きやすいシステムを維持していくための壮大な〝利権団体〟

のように思えてきました。男の絆って、その利益を享受する者同士の談合みたいなものなのかも……。

踏んでしまっている足のことを考えたかった

清田　前川先生は著書『男の絆』で、日本のホモソーシャルがどのように出来上がっていったのかについて、明治時代にまでさかのぼりながら歴史的に検証されていました。

前川　ホモソーシャルというのはアメリカのジェンダー研究者イヴ・セジウィックの研究によって日本でも広く用いられるようになった概念です。ただし、これはあくまでアメリカやイギリスが研究対象であり、そのまま日本社会の分析に利用できるかは、検証の余地があった。日本がホモソーシャルな社会であることは間違いないけれど、じゃあそれはどのようなプロセスを経て出来上がったものなのか。それを明らかにしたくて書いたのが『男の絆』です。

清田　そもそも、前川先生はなぜこのテーマに関心を持つようになったんですか？

前川　ひとつは僕自身がセクシュアルマイノリティで、同性愛男性だっていうのがあるんですけど、それが研究を始めた理由かというと、実はそうでもなかったんですね。というのも、同性愛というのは基本的に言わなきゃバレないんですよ。そのあたりは上手にやり過ごしていれば何ごともなく日常生活を送れる。だから、自分自身が何か差別されたとか、そういう経験は特になかったんです。

清田　個人的な経験に根ざしていたわけではない、と。

前川　「社会を男で独占しよう」というホモソーシャルの中では、本来自分は排除される側なわけですが、僕は大学院生になるまでヘテロセクシュアル（異性愛者）のふりをしていたから、排除されることはなかった。でも、その態度はむしろホモソーシャルを守ることにつながるなって、ふと気づいてしまったんです。僕も男性なので、この社会からたくさん下駄を履かせてもらっている。ヘテロの仮面をかぶっていたのは、結局のところ、男として得ているさまざまな特権を手放したくなかったからではないかと思ったわけです。

清田　ヘテロのふりをしていれば、男としての恩恵を享受できる。しかしそれは、ご自身を含む同性愛男性を排除するホモソーシャルに乗っかることにもなる……。確かに難しい立場ですね。

前川　このテーマに関心を持つようになったのは、まさにそのことがきっかけです。自分の踏まれている足より、自分が踏んでしまっている足のこと——というよりも踏んでることすら自覚していなかったわけですが、その「男性として得をしていること」自体について調べたいと思ったんです。ジェンダー研究の中でも、「どうやって男たちが社会を独占しようとしてきたか」ってところはなかなか問われない部分だったので、ジャンルとしてはニッチなんですが(笑)。

「エロの分配」はホモソーシャルの特徴

前川　清田さんはどうだったんですか？　なぜヘテロ男性である清田さんがホモソーシャルの問題に関心を持ち、『男の絆』を読んでくれたのか、僕としてはそこが興味深いです。

清田　僕は中高6年間を男子校で過ごしたこともあって、元々「ジェンダー」という概念すら知らずに生きているような人間でした。それがひょんなことから桃山商事の活動を始めることになり、女の人たちからさまざまな苦悩を聞く中で少しずつジェンダーへの意識が芽生えていきました。ホモソーシャルもそういう過程で知った言葉なんですが、最初は「男同士でつるむのが大好きな男たち」のことを指す言葉だと思っていたんですよ。でも、実際はもっと広い意味――そこには自分自身も含まれている言葉だということをあとから知りました。

前川　そうですね。男性である以上、無関係ではいられない言葉だと思います。ちなみに僕も中高ともに男子校だったんですよ。冒頭で「ホモソーシャルのダメなところは女性を〝人間扱い〟しないこと」という話をしたけれど、その傾向が最も強いのが男子校出身者です。ジェンダー研究者の江原由美子さんが行った調査によれば、「男子校男子／共学男子／女子校女子／共学女子」の4パターンの中で、男子校男子だけが突出して性差意識が強く、また固定的な性別役割分業（＝「男は仕事、女は家庭」といった）に肯定的な意識が強かった（「男子高校生の性差意識」『フェミニズムのパラドックス』所収）。

清田　思い当たる節がありすぎてつらいです……。高校生のときは女子の良し悪しをルックスでしか判断できなかったし、学校でもみんなから読み飽きたエロ本を集め、ロッカーで管理して別の人に貸し出すというエロ本図書係をやっていました。女性をナチュラルに〝モノ扱い〟していたからだと思います。

前川　まさにTHE・男子校ですね。「エロの分配」というのはホモソーシャルの特徴なので。でもこれは清田さんの出身校に限った話じゃなくて、ある意味〝日本社会の縮図〟とも言える。

清田　『男の絆』の帯にも、「この国は巨大な男子校!?」というコピーが書かれていましたよね。

前川　女性との接点がない思春期の男子校生が女子を性的な対象としてしか見られないというだけなら、まだ「痛い話」で済むかもしれない。まさに清田さんがそうだったように、その後の人生で女性と具体的な接点を持ち、女性観が更新される可能性も十分あるので。しかし、明治時代のエリート校はすべて男子校で、そこの出身者たちが国や企業の中心を担い、この国の制度やシステムを作ってきた。そういう視点で見ると、もはや社会的な問題ですよね。ホモソーシャルな日本が抱える課題の根っこには、歴史的な検証を積み重ねていくことでしか迫れないと考えています。

ヘテロ男性を見直さないと何も始まらない

清田　『男の絆』には、明治時代の初期は男子学生の間で「男色（＝男同士の性的な関係）」を礼賛する風潮があったと書かれていました。

前川　そうなんですよ。男同士の絆は「お互い文武を励まし合い、双方の成長や国家への貢献が期待できる関係」というイメージで捉えられていたわけですが、最初はそこにセックスも含まれていた。

清田　当時は同性愛嫌悪というわけではなかったんですね。

前川　しかし、明治時代の中～後期あたりから、男色は風紀的に問題があると、メディアや知識人からバッシングを受けるようになります。また同時期に、教育制度の改定に伴って「女学生」という存在が多く登場するようになると、男女交際こそが正統な恋愛であり、異性と恋愛して結婚して家庭を築くのが幸福だというイメージが人々の間に広まります。それに伴い、同性愛者は〝異常者〟と目されるようになりました。

清田　少しずつ社会の空気が変わっていき、いつの間にか〝常識〟として定着していった……。そうやってじわじわと女性を家庭に押し込め、同性愛者を社会から排除する方向に向かっていったというのはなんかちょっと怖いですね。

前川　歴史的に作られてしまった常識は、歴史的に振り返ってみないと検証できないわけです。

清田　「当たり前」と思われていることを問い直すのは本当に難しい作業ですもんね。

前川　今はＬＧＢＴに関する議論が盛んだし、女性活躍の推進も声高に叫ばれている。もちろんそれは大事なことだし、理解が進み、制度も整備されるべきです。しかし、歴史を振り返ってみれば、女性も同性愛者も、男の絆を守るために社会から排除されてきた経緯がある。つまり、LGBTや女性について語るだけでは問題は解決しない。最も見つめ直さなきゃいけないのは男の絆、つまりホモソーシャルの問題なんですよ。ヘテロ男性をまず語る。実は〝正常〟とされているヘテロ男性がおかしいんだってところから考えていく。なぜ男たちは女性を排除し、同性愛を排除してきたのか。そこから考えないと何も始まらない。

清田　本当にその通りですね……。一方でマジョリティの男性ってなかなか自分に疑問を持ちづらいというか、自分が社会から下駄を履かせてもらっているという意識がほとんどない。そういう男性たちに言葉を届けるのはとても難しいなと感じています。

前川　大事なのは、今のようなホモソーシャルな社会のままだと男性自身も幸せにならないよってことだと思うんですよ。2018年の国税庁「民間給与実態統計調査」によれば、ここ15年で30代後半男性の平均年収は約30万円も減り、もはや自分の親世代のようには稼げない。しかし「男が稼がねば」というプレッシャーはきついまま。近年「男の生きづらさ」がクローズアップされているのも、そういう背景があるからでしょう。しかし、性別役割分業をはじめとする男性を苦しめている仕組み自体、実はホモソーシャルが生み出したものなわけです。

清田　まさに自縄自縛……。ヘテロ男性やホモソーシャルに疑いを持つことは、「男の生きづらさ」について考えることにもつながるわけですもんね。

前川　自分が履かせてもらってきた下駄について考えるのは、とても大切なことです。僕自身、こうして研究を続けられたり、本を出版できたりしたのは、自分が男性だったからだと感じることも多くあります。それらを「仕方ない」で済まさず、自分が履かせてもらっている下駄の存在を「なくすべき差別」だと捉え直す作業を、これからも続けていきたいと思っています。

清田 我々男性はこの社会の既得権益層である一方、その社会構造によって苦しめられている部分もある。まずはそのことを認識し、自分にとっての「下駄」と「縄」を、個人個人が具体的に問い直していくしかないと感じました。

PART4
悲しい気持ち
にさせて
いること

付き合い始めると油断する男たち

油断は必ずしもネガティブなものではない

付き合う前までは一生懸命だったのに、いざ恋人同士になったら急に態度が怠慢になった——。そんな状態を表す言葉に「釣った魚にエサをやらない」というものがあります。恋人のことを「釣った魚」、相手に対する気づかいや愛情表現を「エサ」と表現している時点でかなりヤバい言葉ではありますが、それはいったんさておき、私たちはしばしば〝油断〟という意味でこのフレーズを使用します。

桃山商事の活動は私が大学生のときに始まったものですが、元々は彼氏の油断に苛立つ女友達の愚痴を聞き始めたことがきっかけでした。話をちゃんと聞かなくなる、デートにも行かず彼女の部屋に入り浸る、太る、だらしなくなる、パチスロ代を彼女にせびる。そんな話が身近な女子たちから次々と出てきたのです。彼らはみな、付き合う前は紳士的でアプローチも熱心だったと言います。そんなエピソードを浴びるように聞きながら、これが世に言う「釣った魚にエサをやらない」というやつか……と恐怖におののいたことを覚

えています。

今回はそんな「付き合い始めると油断する男たち」について考えていくわけですが、最初に確認しておきたいのは、**油断は必ずしも悪いものではない**ということです。

油断には「たかをくくる」「気を抜く」「注意を怠る」といった意味があり、基本的にはネガティブな言葉です。話を聞かなくなるとか、パチスロ代を彼女にせびるとか、だらしなくなるとか、元は紳士的だった彼氏がそんな風になってしまったとしたら、それはやはり悪い意味での油断だと思います。

しかし、気を抜いたり注意を怠ったりできるのは、裏を返せば安心感や信頼の表れでもあります。恋人や家族というのは基本的に心を許し合った関係だと思いますが、そういった中では、油断のなさが「心理的な壁」のように感じられてしまうこともあります。例えば川上弘美さんの小説『これでよろしくて？』（中央公論新社）にもそんな場面が登場します。この作品は「ガールズトーク小説」とも呼ばれていて、人間関係に潜むちょっとした違和感を繊細にすくい上げていく名作なのですが、主人公である菜月は、夫（光）の家族が遊びに来た際、母や妹と話すときの夫の姿を見てこのようなことを感じます。

わたしと二人きりの時はもっと静かでていねいな喋（しゃべ）りかたをするのに、どうして実家の家族と一緒だと、光はこんなふうな子供っぽい、無防備な口調になるのだろう。（中略）わたしは、光にとって、いまだに「ちょっぴりだけ、外」の人間なんだ、って。「ほんとのほんとの、内」の人間じゃないんだ、って。そのことを知って、ものすごく、びっくりしているんですよ。（94ページ）

菜月は「血縁の人たちと話す時にだけ、よろいを脱ぐ」夫に対し、自分には完全に心を開いていないのだと気づいてしまったわけです。夫にはそんな自覚はまったくなかったと思いますが、こんな視点もあるのか……と、私はこれを読んでハッとさせられました。

桃山商事では以前、彼氏が初めておならをしてくれたことに喜びを感じたという女性の話を著書『モテとか愛され以外の恋愛のすべて』（イースト・プレス）で紹介したことがありますが、それは少し距離を感じていた彼氏が、やっと自分に心を許してくれた気がしたからという理由でした。油断と聞くとついネガティブなものに思ってしまいますが、中にはポジティブに作用する事例もたくさんあるということは押さえておきたいと思います。

「引き締めていたものが緩む」が油断の基本構造

このように、油断にはネガティブ／ポジティブの両側面があり、またそれらもハッキリ境界線を引けるものではないので、なかなか難しいテーマだと感じます。

しかし、です。そういう前提はあるにせよ、女性たちから寄せられるエピソードは圧倒的にネガティブな油断にまつわるものが多い。これは無視できない事実です。ここからは、実際の事例を眺めながら油断の本質について考えてみたいと思います。

・付き合う前は時間を守る人だったのに、彼氏になったら遅刻がデフォルトになった
・夫は結婚してから、鼻毛が出ていることや口臭が気になるときが明らかに増えた
・彼氏は交際後に思いやりが減り、デリカシーのないイジりをしてくるようになった
・AVの隠し場所が甘くなり、キャバクラの名刺もゴミ箱に捨てるようになった彼氏
・同棲中の彼氏がトイレのドアを開けっ放しでするようになった（大のときも……）

さて、いかがでしょうか。もちろんこれだけを見て良し悪しを判断するのは難しいわけですが、これらはすべて、女性たちの中にネガティブな感情を引き起こした事例であることは事実です。

こうして並べてみると、シーンも種類もバラバラであることがわかります（例えば遅刻は習慣的な油断だし、鼻毛や口臭は身体的な油断と言えそうです）。しかし、どのエピソードにも「以前は○○だったのに今は○○」というビフォー／アフターの流れがあり、また、どれもマナーやデリカシーが欠如していく方向で一致しています。

例えば鼻毛や口臭、遅刻にまつわる油断は、最初は相手から嫌われないよう気をつけていたことでしょう。それが緩んだのは、つまり「相手は自分のことを嫌わないだろう」という感覚を抱いていることの表れです。というか、これは他の事例にも当てはまることですよね。トイレのドアを開けっ放しでうんこをするのなんてまさにそうだろうし、デリカシーのないイジりをしてくるようになったのはそれをしても許されると思っているからだろうし、AVの隠し方やキャバクラ名刺の捨て方が甘くなったのは「バレたらヤバい」という気持ちが緩んだ証拠です。

そう考えると、「引き締めていたものが緩む」というのが油断の基本構造であり、緩んだきっかけが相手に対する安心や信頼だった場合はポジティブに転び、相手を軽視したりナメたりといった場合にはネガティブな油断になる……とまとめることができそうです。

落ち度や悪意がなかったことを説明しても意味がない

先に挙げた「AVの隠し場所が甘くなり、キャバクラの名刺もゴミ箱に捨てるようになった彼氏」というエピソードを寄せてくれた女性は、油断が目立つようになった彼氏についてこのように語っていました。

「元々チャラいというか、女好きな部分がある人だってことはわかっていました。私に対してもそうですが、どんな女性とも楽しそうにしゃべるし、ときどき会社の先輩に誘われてキャバクラに行くことも正直に言っていました。浮気や風俗の可能性も考え、最初はわりと警戒していたんですが、その疑いを抱かせないような振る舞いをしてくれていたので、特に問題は起こらなかったんです。ただ、付き合って1年くらい経ってから、彼氏の家に遊びに行くと目のつくところにAVのパッケージが置いてあったり、ゴミ箱にキャバクラの名刺が捨ててあったり、そういうことが増えていきました。あと、一緒にカフェに行ったとき、私が何気なく『あの店員さんかわいい』と言ったら、『ホントだ。超かわいいし、しかもめっちゃ巨乳！』とうれしそうに返事をされたことがあって、そのあたりから『この人ちょっと油断し始めたから気をつけよう』って考えるようになりました」

このカップルは結局、交際1年半で破局を迎えました。彼氏が恋人のことをナメていたかはわかりません。AVやキャバクラのことは彼女も知っているし、特に気にしている様子も見られないという安心感から徐々に隠し方が甘くなっていったのかもしれないし、カフェの件だって、そもそも彼女から言ってきた話に乗っかっただけであって、彼女の気を悪くさせるつもりなど毛頭なかったというのが実態のような気もします。

しかし、いくら彼がそう思っていようと、実際にこの女性はネガティブな感情を抱き、最終的には彼氏に見切りをつけるところまで行ってしまった。この**認識のズレ**は見逃せないポイントです。

彼には浮気や風俗がバレたなどの明確な落ち度はなかったし、確かに油断していた部分はあったにせよ、それは彼女に対する安心や甘えの表れとも取れ、一方的に悪と決めつけることはできません。ただ、彼女に別れを決意させたのはそういう部分ではなく、もっと根底のほうにある、彼の「女性観」に対する嫌悪感でした。

「この人にとって女は結局〝性の対象〟でしかなくて、その価値観自体も気持ち悪いし、それを隠そうとしなくなっていったのも気持ち悪かったです。それと、私に対しては『絶対に嫌われない』『何をしても許される』という、まるで母親に対する甘えみたいなものが感じられるようになってきて、そのマザコンっぽい感じも無理になってしまいました」

ここまで来てしまっては、彼がいくら自分に落ち度がないことを力説したとしても、それは意味をなさないでしょう。気づかいや注意が緩むことにより、その人の根底にあるものが露呈してしまう。そしてそれを相手が「生理的に無理なもの」と感じてしまったら……そうなるともはや関係を修復させるのは不可能に近いのではないかと思います。これこそが油断の最も恐ろしいところです。

距離と気づかいの相関関係

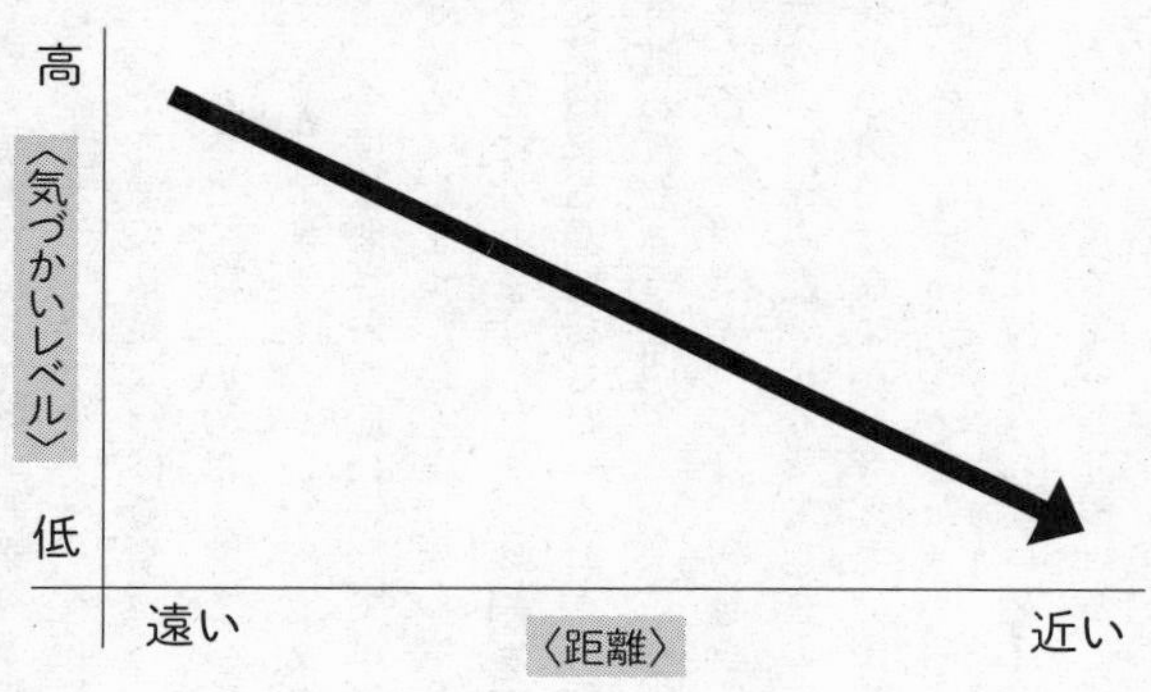

どれだけ距離が縮まっても相手は他人

長くなってしまいましたが、最後に少しだけ対策を考えてみたいと思います。ものすごく単純化すると、二人の間で油断が問題になるとき、おおよそ「気づかいや注意を払う↓距離が縮まる↓気が緩む（いい油断）↓相手も喜ぶ↓さらに距離が縮まる↓さらに気が緩む（悪い油断）↓ネガティブな感情が発生↓油断が問題になる」というプロセスをたどります。ここには「距離が遠いほど気づかいレベルが高く、近いほど低い」という相関関係が見られます。

気づかいレベルが低いのは「許されている」「一緒にいて楽」「安心感が高い」ということの表れでもあります。これに慣れると居心地はよくなっていきます。しかし、双方が同じように感じていない場合は問題です。遅刻や鼻毛、イジりやトイレのドア開けっ放しが問題になったのも、「距離が縮まったとはいえ、その気づかいのなさはどうなの?」と相手に思わせてしまったことの結果なわけです。

ただしここで難しいのは、おそらく最初の鼻毛やイジりは、むしろポジティブに受け取られていたかもしれないということです(気を許してくれたという意味で)。しかしこうなると、今度は許された側にとっては許容範囲がどんどん拡張していく一方、許した側は、一度認めてしまったことを「やっぱりダメ」とは言いづらくなっていく、という葛藤を抱えることになります。この「**特例を通例と勘違いする問題**」も多くのエピソードに共通して見られる構造でした。それが暴走すると、やがて根底の価値観が露呈するところまで突き進んでしまう……。

となると、対策としては「親しき仲にも礼儀あり」の原則を遵守する——ってなんだか道徳の教科書みたいになってしまいますが、この基本を意識していくことが私たちにできる最善の策ではないかと考えています。これは誰もが知っている格言なのでついわかった気になってしまいがちですが、「どこまで行っても相手は他人」という認識を持ち、楽に流されず、安心に浸りきらず、相手を観察しながら気づかいレベルを微調整していくという、かなり高度なオペレーションを伴います。大事な人から失望される前に……自らの油断を点検してみるところから始めてみるのはいかがでしょうか。

付き合う前
あの人かわいい
モデルさんかなぁ
キ、キミのほうがかわいいと思うけど…
付き合った後
いまのコ見た？
めっちゃかわいくない？
付き合う前
あ、髪型似合うじゃん
そのピアスもすごくいいよ！
ありがとう♡
付き合った後
ちょっと太った？
今日化粧濃くない？
テメーのが太ってんだろ鼻毛まで出てるし
付き合う前
顔色悪いけど大丈夫？
うんっノープロブレム…
オナラをがまんしている
付き合った後
あっ
あらまっ
気にしないで、がまんは体に良くないし
しっけいしました
以来、彼はオナラを我慢しなくなった…
コンビニで氷買ってきてもらっていい？
ビ
ビ
ボ
屁で返事…
油断しすぎなんだよ
はうっ
バフ

その14

「ほうれんそう」が遅すぎる男たち

聞けば済むのになぜ聞いてこないのか

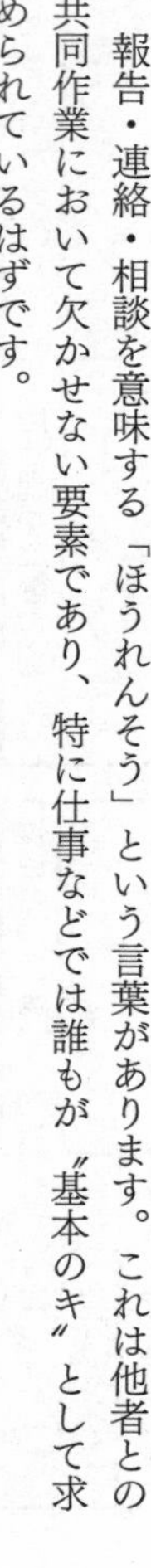

報告・連絡・相談を意味する「ほうれんそう」という言葉があります。これは他者との共同作業において欠かせない要素であり、特に仕事などでは誰もが〝基本のキ〟として求められているはずです。

しかし、どういうわけか女性たちから聞く話の中には「ほうれんそうが遅すぎる男たち」が頻繁に登場します。仕事に限らず、恋愛や結婚生活においても、報告・連絡・相談がとにかく遅い男性たちに対して憤りや疑問の声が上がっています。それは例えばこのようなものです。

- 彼氏が何かと事後報告で困る。転職も引っ越しも旅行先も相談なしで決めてしまう
- 夫は聞けば済むことを聞いてこない。それで余分な物が増えたり、計画が停滞する
- 食事の準備があるので帰宅時間の連絡を頼んでいるのに、いつも突然帰ってくる夫

・同僚に仕事を頼んでも、言わないとやらないし、途中報告もないから不安になる
・上司も後輩も、仕事を抱え込んで情報共有しない。休まれたときにみんなが困る

さて、いかがでしょうか。もちろんこれらは男性だけに限った話ではないと思いますが、自分の場合は、思い当たる節がありすぎて動悸がしてきます。「こういう人ってまわりにいる?」と妻にたずねたところ、「昔の職場にもいたけど、あなたもわりとこのタイプですよね?」と指摘されました。事実、つい最近にんじんの千切りが簡単にできる便利なスライサーをネットで見つけて即ポチしたのですが、同じような機能の道具がすでに家にあって、「なんで一回聞いてくれなかったの?」と妻に言われたばかりでした。まさに余分な物が増える案件……。だからこれはまったく他人事に思えない問題です。

自分の存在を軽視されたことによるさみしさや虚しさ

そもそも「ほうれんそう」とはどういうものなのか。仕事を例に考えてみます。

報告とは「途中経過や結果について告げ知らせること」という意味の言葉です。担当している案件の進捗を上司に知らせたり、「最終的にこうなりました」というものを関係者に知らせたりと、報告は状況の共有が目的の行為と言えます。

また連絡とは、用件を伝えたり、何かを打診したり、日時や場所を知らせることを指します。この言葉は元々「つながり」や「関連」を意味する言葉だそうで、情報を伝達し、自分と相手の間に関係を作ることが目的となります。

そして最後の相談ですが、これはどうしていいかわからない事態に直面したとき、上司や先輩に意見を求めたり、判断を仰いだりすることです。「相」というのは向かい合う関係を意味する言葉で、つまり相談は意思の疎通を目的とした行為と言えそうです。

ちなみに今はほうれんそうよりも「かくれんぼう（確認・連絡・報告）」が重視されているという説もありますが、いずれにせよ、仕事を進めていく上では状況の共有、情報の伝達、意思の疎通といったものが不可欠であり、それゆえこれらが重んじられている、ということは確かだと思います。

事例の中に出てきた男性たちは、こういったアクションを欠いていたということになります。状況を共有しない、情報も伝達しない、意思の疎通も図らないと考えると、相手の女性が憤ったり嘆いたりするのも無理ないよな……と感じます。

実際に彼女たちは、食事の準備に戸惑ったり、仕事の進捗を心配したり、家に余分な物（にんじんのスライサー……）が増えてしまったりと、ある種の〝実害〟を被っています。

また、何かと事後報告されたり、なんの相談もなしに物事を進められたりするのは、極端に言えば〝無視〟されることと同義です。恋人の転職や引っ越しという一大イベントに関われなかったり、家庭という場を共同運営しているはずの夫にルールを無視されたり……。事例を語ってくれた女性たちの中には、自分の存在を軽視されたことによるさみしさや虚しさがあったのではないかと想像します。

女性たちは「なぜほうれんそうをしないの？」と首をかしげていました。その前段には「やろうと思えば簡単にできることなのに」という気持ちが見え隠れしています。報告・連絡・相談が簡単にできる行為なのかどうかはいったん横に置きますが……なぜこれらを怠ってしまいがちになるのでしょうか？

男性たちがほうれんそうを怠りがちな理由

くり返しになりますが、これらは何も男性に特有のことというわけではないし、男であることが直接の原因というわけでもないはずです。ただ、もし男性のほうがほうれんそうを怠りがちな傾向があるならば、そこにはなんらかの背景があるのではないか……。

先の事例に出てきた男性たちの事情をサンプルに考えてみます。ひとつめの「何かと事後報告」な彼氏は、なぜ恋人に相談なしでいろいろなことを決めてしまうのでしょうか。転職や引っ越しは個人の問題であって、恋人に相談する義務はない。自分のほうが旅行に詳しい。旅行の行き先を決めて彼女を驚かせたかった。相談すると意見調整しなきゃいけないから面倒くさい。事後にちゃんと報告してるんだから問題ない――。もしかしたら背景にはこういった気持ちが存在していたかもしれません。

また、「仕事を抱え込んで情報共有しない」という上司や後輩男子はどうでしょうか。キャパ以上の仕事を抱え込み、ほうれんそうする余裕すらなかった。案件の進捗がイマイチだったため、恥をさらすのが怖かった。周囲に対するやましさがあり、怒られるのが嫌だった。「俺だけに負担が集中している」といった被害者意識があった。自力でトンネルを抜けてカッコつけたかった――。そのような気持ちが想像されます。

今一度仕事におけるほうれんそうに立ち返ってみると、報告・連絡・相談を怠って怒られるのは、基本的に下の立場の人間です。例えば部長が部下にほうれんそうをしなくても、現場が困ることはあっても叱られることはありません。そもそも「怠る」という言葉が適用されること自体、ほうれんそうは「**下から上**」になされるべき〝義務〟のようなニュアンスを含んだ行為と言えるかもしれません。

また、**ほうれんそうにはある種の〝コスト〟がかかります**。報告のためには、状況を整理し、それをわかりやすく説明することが求められるし、連絡というのも、それ自体を忘れないよう注意したり、適切なタイミングを計ったりすることが求められます。相談に関しても、切り出す勇気が必要だったり、相手の時間を使わせてもらうという申し訳なさが発生したりします。極端な話、ほうれんそうは面倒な行為と言えます。ここに見られる義務感や面倒くささ、また「下から上に」といった性質なども、ほうれんそうが遅すぎる問題に関与しているかもしれません。

女性たちが首をかしげていた「なぜほうれんそうをしないの？」に対するアンサーは、このように、一つひとつの事例にある背景を当事者としてつぶさに眺めてみることでしか見えてこないのではないかと思われます。

自分と相手の区別をつけた上で、重なり合う部分に意識を向ける

ここまで述べてきたように、報告・連絡・相談はそれなりのコストやスキルを要する行為であり、誰でも簡単にできることかと言うと、そうとも言い切れないのではないかというのが個人的な考えです。向き不向きもあるだろうし、誰にだって忙しくてほうれんそうできないときもあるでしょう。また、逆になんでも逐一ほうれんそうすればいいのかと言うと、それも違うような気がします。むやみにほうれんそうするのは相手の時間やキャパシティを奪ってしまうことにつながるし、いちいち意見を求めたり判断を仰いだりするのは、自分の役割や責任を背負わないことと同義です。

それゆえ考えれば考えるほど難しい問題だと感じますし、これが正解というものもないでしょう。個人的には「ほうれんそうはマスト！」「できないやつはダメなやつ！」とい

図1 「ほうれんそう」と束縛の違い

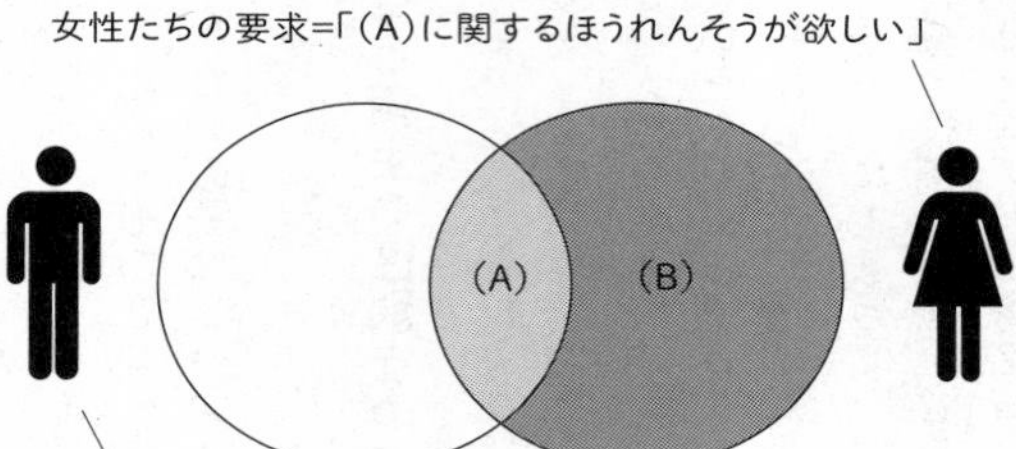
女性たちの要求=「(A)に関するほうれんそうが欲しい」
(A)
(B)
束縛彼氏の要求=「俺が知らないこと(B)もすべて教えろ」

う規範的な空気になるよりも、「しっかりほうれんそう頼むよ〜」「ごめん！ 次からはちゃんと心がけます」みたいな雰囲気になったほうが寛容でいいなと思いますが……だからといって現実問題として発生してしまった困りごとや、相手の中に生じたさみしさや虚しさを無視していいことにはなりません。

以前、桃山商事の元に「彼氏の束縛が息苦しい」と悩む女性が相談に来ました。大学生になったばかりの彼女は社会人の彼氏と付き合っていたのですが、サークルやバイトを選ぶ際は彼氏に相談しなければならなかったり、インスタに上げる写真にも制限をかけられていたり（しまいには事前確認を求められるようになったり……）、飲み会に参加するときは事前にメンバーを報告し、飲み会の途中でも継続的に連絡することを義務づけられたりしていました。彼氏は「心配だから」とい

図2 重なり合う領域がより複雑に

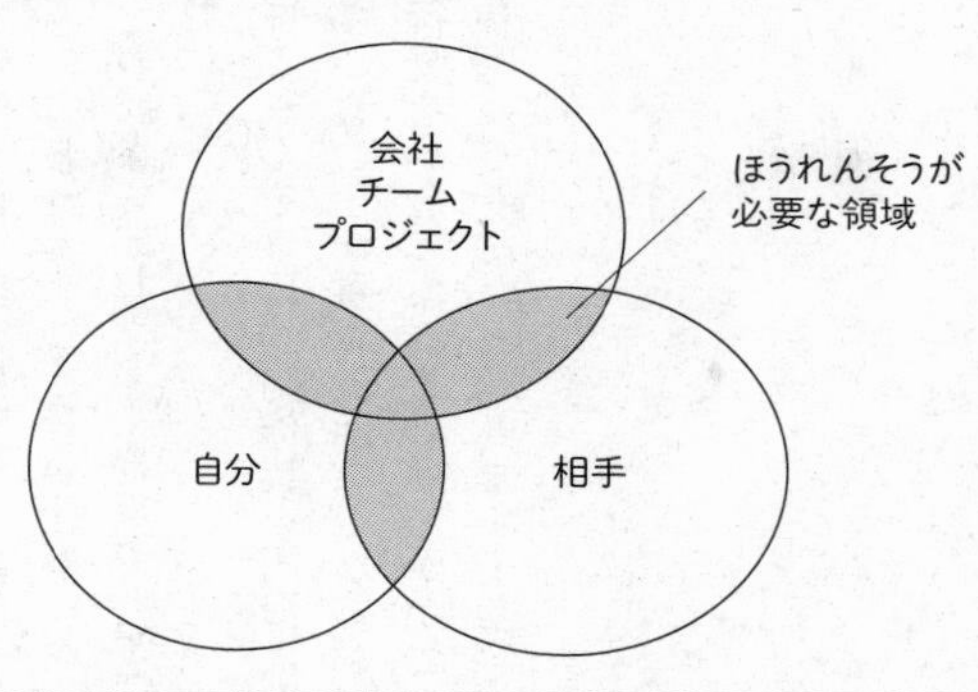

う理由を持ち出していたようですが、これらは明らかに行きすぎた束縛ですし、もっと言えば「デートDV」にすら該当するものだと思います（204ページから始まる中村正先生との対話でカップル間で起こるDVの問題などについて掘り下げます）。

事例を語ってくれた女性たちと、この束縛彼氏を比べてみると、「ほうれんそうが必要な領域」のようなものが見えてくるような気がします。単純化するならば、図1のように「自分と相手」という二者がいて、その重なり合う部分（A）に関して報告・連絡・相談が欲しいというのが女性たちの言っていることで、相手にまつわることすべて（B）に報告・連絡・相談を要求しているのが束縛彼氏のやっていることだと腑分けできます。

もっとも、個人の領域に属すること（転職や引っ越しはこれに当たるかもしれません）でも「できることなら一緒に考えたい」と欲するのが恋愛や結婚関係だったりもするので、実際はそんなひと筋縄では行かないと思いますが……まずは「自分と相手の領域の区別をつけた上で、重なり合う部分に関してはほうれんそうを意識する」を基本にしていくのがいいのだろうと思われます（これが仕事になると、図2のように「会社」「チーム」「プロジェクト」などの要素が加わってくるため、報告・連絡・相談を要する領域がより複雑に異なってくるはずです）。

ほうれんそうは共同作業を円滑に進めるための手段であるとともに、相手の存在を尊重していることの意思表示にもなる。ほうれんそうを怠りがちな人は、そんな気持ちで自分の行動を見直してみるのはいかがでしょうか。私もにんじんのスライサー問題を今一度、振り返ってみたいと思います……。

その15 上下関係に従順すぎる男たち

どんな組織の中にも上下関係は存在する

上下関係と聞くと、体育会系の部活や軍隊的な組織を思い浮かべる人も多いかもしれません。先輩の命令に逆らってはならない。監督の教えには絶対服従。上司が黒と言ったらたとえ白でも黒と言う。そんなマッチョなシーンがイメージされます。平成を通り越して令和の時代になった今、昭和の香りすら漂うこの言葉はすでに絶滅危惧種……には全然なっていません。体育会系や軍隊組織に所属していなくとも、私たちはさまざまなところで上下関係に出くわすし、自分の意に反し、上司や先輩の言うことに従わざるを得なかった経験は誰にでもあると思います。

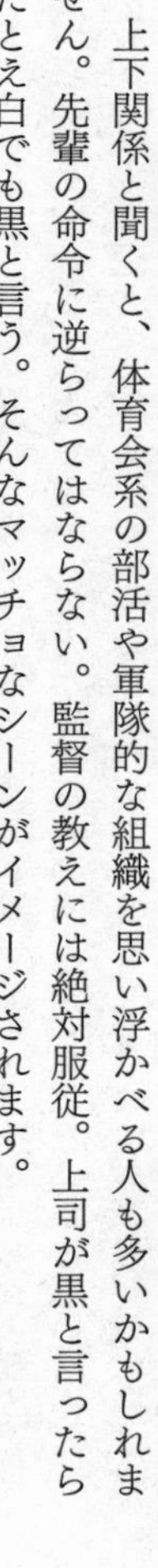

学校や会社、趣味の集まりなど、ほとんどの組織やコミュニティには上下関係が多かれ少なかれ存在するわけで、この社会ではそれと無縁でいることは難しいはず。ところが、男女問わず誰もが経験するはずなのに、なぜか女性たちから聞く話の中には「上下関係に従順すぎる男たち」の話がやたらと登場します。例えばそれはこのようなエピソード

です。

・彼氏は先輩からの誘いを断れず、私との約束を何度もドタキャンした
・「上司の命令だから」と、夫が相談もなしに転勤を決めてきてしまった
・妻子がいるのに上司とキャバクラ通いを続けている職場の男性たちが意味不明
・いつまでも学生時代の先輩に頭が上がらず、頼まれるがままお金を貸した夫
・子どもが産まれたばかりなのに、「取引先との会合だから」と深夜帰宅する夫

さて、いかがでしょうか。先輩からの誘い、上司の命令、取引先との飲み会。確かに断りづらいですよね……。多くの男性にとって既視感のある場面ではないかと思います。

我が身を振り返ってみても、思い当たる節がめちゃくちゃあります。私は組織に属さないフリーランスなので、直接的な上司はいません。しかし、同業者の先輩やお世話になっている年上の編集者さんはたくさんいて、特に駆け出しだった20代の頃などは、仕事を振ってくれる出版社や代理店の人たちには頭が上がりませんでした。当時は「上からの指示は絶対」という価値観の中で生きていて、企画会議中に編集長から「なんかおもしろいこと言ってよ」と無茶振りされれば、そのときのために備えて用意しておいたネタをがんばって披露していたし、仕事の打ち上げで代理店の人から「若い女の子を呼んでよ」と言

われ、女友達に無理を言ってその場に来てもらったこともありました（54ページ参照）。

自分自身、上下関係に弱いという自覚があります。

なぜ女性たちの話には「上下関係に従順すぎる男たち」の話がやたらと出てくるのか。もしも男性が上下関係に弱いとしたら、それは一体なぜなのか……。この問題について、自分の体験も振り返りながら考えてみたいと思います。

論理よりも上下関係を優先することへの疑問

そもそも上下関係とは、組織や人間関係におけるルールの一種です。先輩と後輩。上司と部下。監督と選手。権力を持つ者と持たざる者。声の大きな人と小さな人……。世の中にはさまざまな上下関係が存在しますが、仕組みはシンプルで、どれも基本的に「上→下」という原則の元に成り立っています。

これは単なるルールなので、それ自体に良いも悪いもありません。ポジションが明確になり、秩序が構築しやすく、指令の伝達もスムーズになる。そういった利点もあるかもしれませんが、一方で、理不尽がまかり通ったり、ハラスメントが発生しやすくなったり、忖度による不正が生じたりという負の側面もあります。

「上下関係に従順すぎる男たち」に不満や疑問を抱いている女性たちの声には、ある共通点が存在していました。それは「なぜ論理よりも上下関係を優先するのか？」というものです。これは、どういうことでしょうか。

ここで言う論理とは、その場に存在しているはずの道理や理屈のことです。

先に挙げた「妻子がいるのに上司とキャバクラ通いを続けている」男性たちの例で言えば、女性側としては「なぜ妻子がいる身でキャバクラに通うのか？」という疑問を持っていました。それに対し、男性側の答えは「上司との付き合いだから仕方がない」というものでした。これは本人は説明しているつもりかもしれませんが、実はまったく説明になっていません。なぜなら、これでは「どうして上司との付き合いだと仕方がないのか」の部分がよくわからないからです。

本来ならば、上司の誘いを断れない理由や、もし断ってもダメだったのならば、その顛末を丁寧に説明するのが道理でしょう（もっと掘り下げていけばホモソーシャルの問題に行き当たるはずですが、本人は無自覚だと思われます）。あるいは、上司の誘いに関係なく「どうしてもキャバクラに行きたい！」という思いがあるならば、それを素直に伝えれば一応は疑問に答えたことになるはずです（別の理由で幻滅されることにもなりそうですが……）。

論理的に考えれば、自分がいま何に対する説明を求められているかわかるはずなのに、なぜか上下関係という〝印籠〟を手に的外れな理屈を振りかざす……。こういう態度に女性たちは疑問を抱いていると思われます。

従うことのメリット、逆らうことのデメリット

ではなぜ、我々男性は上下関係に対し、半ば無条件で従ってしまうのでしょうか。そこにはおそらく「(1)従うことのメリット」と「(2)逆らうことのデメリット」が関与しています。思いつくまま列挙してみると、例えばこのようなものがあります。

(1)従うことのメリット

・ルールがシンプルなので、とにかくわかりやすい
・秩序に入ることを意味するため、仲間として認めてもらえる
・権力者に気に入ってもらえる可能性が高まるため、出世や昇進につながる
・絶対的な基準(上↓下)があるため、思考や判断の際に迷わなくて済む
・指示や命令のせいにできるため、責任を背負わなくて済む

(2)逆らうことのデメリット

・反論や拒否をすると、上の者の機嫌を損ねかねない

- 違和感を伝えるためには、言語化するためのコストがかかる
- 誘いや指示を断る際の恐怖を乗り越える必要がある
- その後の人間関係に支障が生じる可能性がある
- 逆らっても期待した結果が得られるとは限らない

従えば利益が生じ、逆らえば不利益やコストが生じる……。となれば、どうしたって上下関係に従順になる方向に流れてしまうのも無理はないかもしれません。

もちろん、いくら先輩や上司の言いつけだからといって、納得できないこと、素直に従えないことも多々あるでしょう。しかし、これだけの材料が揃(そろ)っていたら、**いっそ我慢してしまうほうが得策**という風に考えても不思議はありません。上下関係に従うことはある意味で〝楽〟なのです。

〝外部の基準〟に判断を委ねることの恐ろしさ

すべての上下関係が理不尽なものでもないでしょうし、女性はみんな上下関係に抗(あらが)っていて、男性ばかりが従っていると言いたいわけでもありません。ただ、多くの女性たちの目に「男は上下関係に従順すぎる」と映っていることは事実であり、それはおそらく、

「上司や先輩の命令だから」と理由になっていない理由を印籠のように振りかざすわりに、実は単に楽（＝思考停止）しているだけという実態を見抜かれているからではないか……と思うわけです。

胸に手を当ててみると、ぎくっとします。仕事の打ち上げで代理店の人から「女の子を呼んでよ」と言われたとき、本心では「嫌だな」と感じていました。単純に面倒くさかったし、夜遅くに女友達を呼び出すのも気が引けたし、何より酔っぱらいのおじさんたちに女友達を引き合わせるのはちょっと怖いなと感じていました。

それなのに、断りづらいからという理由で女友達に電話をし、「仕事でお世話になってる人たちだから頼む！」とお願いをしてしまった。彼女は友人である私のために駆けつけてくれたわけですが、二次会で行ったカラオケで代理店のおじさんたちから肩や腰に手を回され……。私もそれを現場で目撃していたのに、そのときは「盛り上げてくれてマジありがとう」くらいの気持ちでやり過ごしてしまった。結果、彼女から「すごく気持ち悪かった！」とこっぴどく叱られました。

私は上下関係にあっさり従い、仕事でお世話になっている人を喜ばせるためだけに女友達を呼び出したばかりか、セクハラに加担するという大失態まで犯してしまったのです。

会社で、学校で、地域コミュニティの中で、私たちはさまざまな上下関係に出くわします。ときには理不尽な要求に従わざるを得ない場面もあるはずです。また、とりわけ男社会では上からの命令に「イエッサー」と従うことができる人が評価される側面も確実にあります。大前提として力を持つ立場を利用して理不尽な要求をする人たちが醜悪であることは間違いありませんが、「仕方ない」と思考を止め、無条件に従ってしまう側にも罪がないとは言えません。

上下関係に従うなというのは無理な話かもしれませんが、まずは論理的に考え、その場で優先されるべきものは何かをきちんと把握する。そして、違和感や抵抗感を抱いたら、見過ごさずに言葉で拾い上げてみる。さらに、板挟みの立場になったり、どうしても従わざるを得なかったりする場合は、その葛藤や苦しさを自覚し、相手に開示した上で、論理的かつ真摯に説明する――。こういった態度が大切ではないかと思います。

世の中から上下関係はなくならないし、男だけが理不尽に従っているという話でもありません。ただ、もしかしたら我々男性は、これまで「そういうものなんだから仕方ない」という理由にならない理由で片づけすぎていたのかもしれません。その場をやりすごすことはできるかもしれませんが、それは自分の感情を抑えつけることにしかなりませんし、それによって蔑ろにしてしまった人たちがいることも見逃せない事実です。

先輩の誘いは確かに断りづらい。でも、約束をドタキャンされた恋人の気持ちはどうなるでしょうか。黙ってお金を貸してしまった夫を、妻はどんな気持ちで見つめているでしょうか。ワンオペ育児を強いられた妻は、深夜に帰ってきた夫を「取引先との会合なら本当に恐ろしいのはどっち?

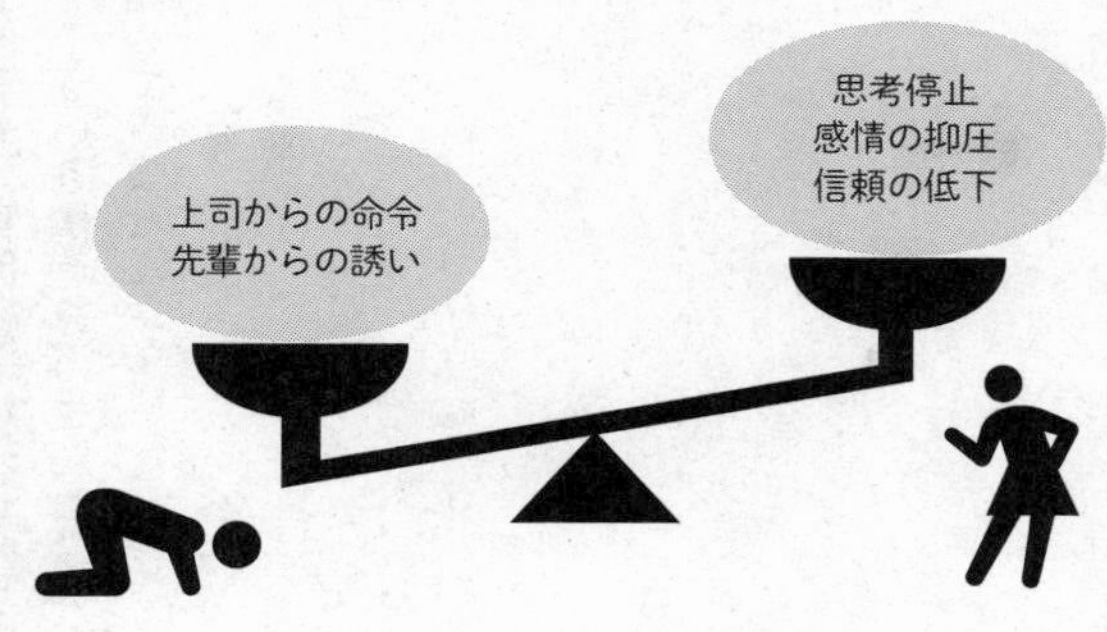

仕方ないね」と快く許せるでしょうか。自分を理解してくれている人の気持ちを蔑ろにしすぎてしまった結果、幼稚だと思われる、不信感を買う、呆れられる、非合理的な人間だと思われる、信念のない人間だと思われる……なんてことがあるとしたら、上司や先輩の誘いを断るよりよっぽど恐ろしい気がしませんか?

さらに怖いのは、上下関係のような〝外部の基準〟に判断を委ねることが癖になってしまうことです。思考を放棄し、感情を抑え込んで我慢を続けていると、いつの間にか「思考停止している」「我慢している」という感覚すらなくなっていきます。そういう人間が権力を持ち、指示や命令をする側になったら……。今度は自分が下の者に理不尽を押し付ける先輩や上司になってしまうかもしれません。

近年問題になっている体育会系組織のハラスメ

ント体質や、官僚組織に見られる忖度の連鎖なども、こういった問題が根底にあるはずです。そういう構造を再生産しないためにも、「上下関係に弱い自分」を直視するところから始めてみませんか？

話し合いができない男たち

元カノの手紙を読み返してみると……

「話し合い」と聞いて、どんな行為を思い浮かべるでしょうか。例えば職場の問題を解決するためにミーティングを開いたり、アイデアを出し合うために会議をしたり、恋人との間に生じたすれ違いをすり合わせるために話し合ったり……。仕事でもプライベートでも、他者と関わる場面では意思疎通のために話し合いというアクションが不可欠であり、誰もが話し合うという行為を日々経験しているはずです。

なので、「話し合いができない男たち」と聞いても、「自分のことだ！」と考える人は少ないと思います。しかし、なぜか女性たちからは「男性とはなかなか話し合いにならない」という話をよく聞きます。それはこのような声です。

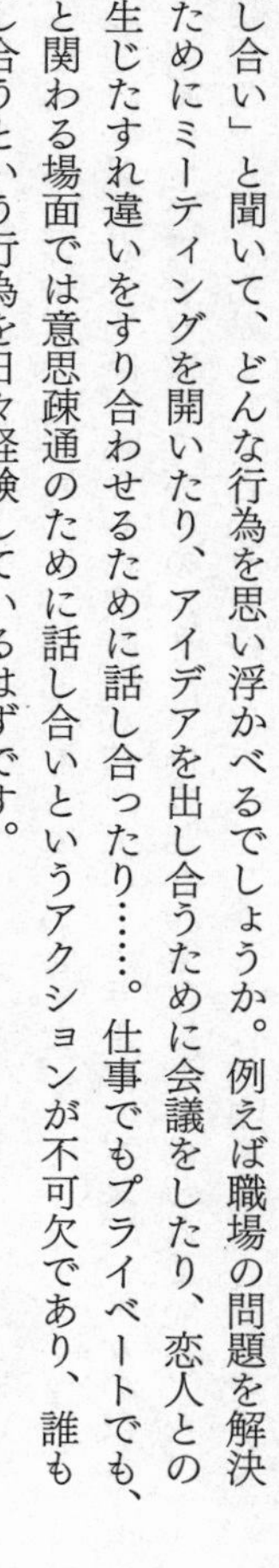

・ケンカしたいわけじゃないのに、彼氏に話し合いを持ちかけると身構えられる
・夫婦の問題なはずなのに、話し合いを切り出すのはいつも私ばかりでモヤモヤする

・意見を伝えても、夫は黙ったり謝ったりするばかりで、自分の考えを述べてこない
・意見交換したいだけなのに、言い訳したり、茶化したり、論破までしてくる上司
・同僚と会議で解決策を出したはずなのに、同じ問題が何度も起こるので辟易する

さて、いかがでしょうか。思い当たる節はありましたでしょうか。私は以前、ある雑誌に自分の失恋体験を書いた際、昔の恋人からもらった手紙を読み返す機会があったのですが（そういうのを捨てずに取っておくタイプなんです……）、そこにはまさに、「話し合いができない男たち」の一員である私の姿が克明に記されていました。

その手紙が書かれた当時、私たちは交際歴5年以上のアラサーカップルで、彼女のほうから「結婚についてどう考えているのか？」という話が頻繁に持ちかけられていました。それに対し、私は「結婚したいという気持ちはある。しかし今は仕事を安定させることでいっぱいいっぱいになっていて余裕がない。あなたのことはとても大好きです」という返答をくり返していた。そんな私に対し、彼女は徐々に絶望感を募らせていき、ついには別れを決断しました。

決断の背景には、もちろんさまざまな要因が絡み合っていたと思います。しかし、今になって思うのは、当時の私に感じた「話し合いのできなさ（＝話の通じなさ）」が相当大きな要因になっていたのではないか、ということです。

話し合いに応じても話し合ったことにはならない？

そもそも、話し合うとは一体どういう行為なのでしょうか。「そんな当たり前のこと、考えるまでもないだろ！」という声が聞こえてきそうですが……いったん言葉の意味から振り返ってみます。

この動詞は「〜し合う」という形になっているように、双方向であることが大原則です。そして何かについて話をするわけで、そこには目的やテーマが存在しています。つまり話し合いとは、まずなんらかの問題があって、それについて互いの思っていることや考えていることを共有し、違いを確認したり、意見をすり合わせたり、一緒に解決策を探ったりしていく行為だと言えそうです。そこに相談や議論のニュアンスはありますが、決してケンカや叱責ではなく、あくまで互いの意見を交換するところに話し合いの本質があるのだと思います。

これを踏まえた上で先の事例を振り返ってみると、男性たちの取った態度がおよそ話し合いと呼べるものではないことが見えてきます。

身構えるのは「何か責められるのではないか」という怯えからくる防御反応ですし、切り出すのが常に女性側だったり、自分の意見を述べなかったりというのは双方向の原則か

「話し合う」とはどういうことか

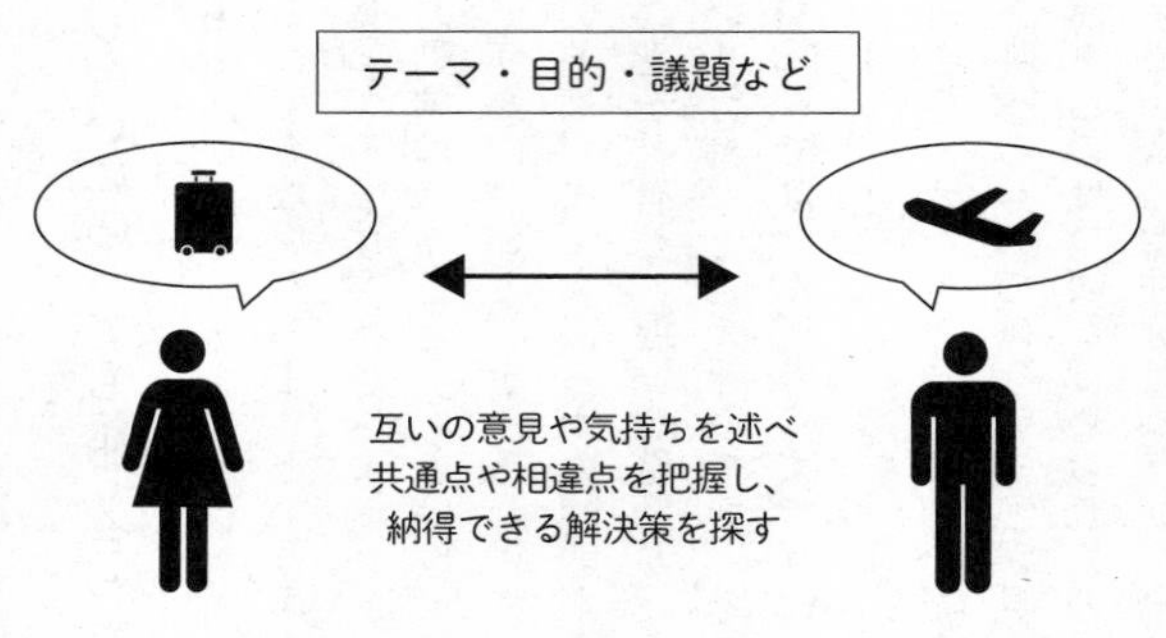
テーマ・目的・議題など
互いの意見や気持ちを述べ
共通点や相違点を把握し、
納得できる解決策を探す

ら外れます。また、言い訳や茶化しや論破は主たる目的やテーマから話をそらす行為ですし、しばらくするとまた同じ問題がくり返されるのであれば、相手の中に「なんのために話し合ったんだろう……」という徒労感が残ってもおかしくありません。形として（ポーズとして？）話し合いに応じたとしても、これだと「話し合った」ことにはならないのです。

なぜすぐに「責められる！」と身構えてしまうのか

では、先の事例に出てきた男性たちのどこに問題があったのでしょうか。何が原因で相手から「話し合いができない男」と感じられてしまったのか。これまでの議論に照らすと、それぞれの問題点はこのようにまとめることができます。

・なぜすぐに「責められる！」と身構えるのか
・なぜ問題解決のために自分から動き出さないのか
・なぜ自分の要望や見解を述べないのか
・なぜ話をそらそうとするのか
・なぜ同じ問題をくり返すのか

こうやってポイントを抽出してみると、ずいぶんリアリティのある問題に感じられてきませんか？　もちろんすべての男性がこうだという話ではありませんが、ここには「話し合いができない男たち」の特徴が詰まっているような気がします。そして、かつて私が恋人に対して取っていた態度にも、これらの要素がすべて含まれていたように思います。

今考えると、彼女の言う「結婚についてどう考えているのか？」は、結婚する意思はあるのか、もしあるのならタイミングやそこに至るまでのプロセスを具体的にどう考えているのか、いったん本音のところを共有しようという提案だったと思います。

しかし当時の私には、「なんで結婚してくれないんだ！」「する気がないなら別れたいからハッキリしてくれ！」という声に感じられていました。そういう方向に話が進むことが怖くて自分から結婚の話題は出さなかったですし、どうやったら自分の仕事が軌道に乗るのかまったく見えていなかったため、「それまで待って欲しい」という気持ちはあれど、「じゃあいつまで待てばいいの？」と問い詰められることが怖くて、結婚の話から逃げ回っていました（なぜか自分の仕事が安定しないことには結婚なんて到底できないと思い込んでおり、「結婚した上で一緒に仕事や生活をがんばっていく」という選択肢があることを考えもしませんでした）。

とはいえ、話をそらし続けていては彼女が痺れを切らすのは当然で、どこかで向き合わざるを得ないタイミングはやってきます。そこで私は「結婚に向けて毎月1万円ずつ貯金をしていく」「30歳までに仕事が安定しなかったら転職を考える」などと具体的な数字を挙げて結婚の意思（＝別れたくないという気持ち）を示したものの、結局はその場しのぎの提案でしかなく、お金も貯まらず（1万円の貯金も苦しかった……）、30歳を過ぎても「文筆業で身を立てたい」という思いを諦めることができない有り様で、最後は見切りをつけられ、彼女に別れを告げられる結果となりました。

振り返って考えてみても、あの頃の自分ではどう転んでも結婚できなかったとは思います。ただ、彼女の気持ちに耳を傾け、自分自身のリアルな本音を開示した上で、しっかりと話し合うことができていれば……たとえ別れという同じ結論に至っていたとしても、後味の悪いものにはならなかったかもしれないなと、今でも少し後悔しています。

話し合いの終着点は相手の機嫌が収まることではない

　さてここまで、話し合いという行為のエッセンスと、「話し合いができない男たち」にまつわる問題点について考えてきました。具体例として挙げたエピソードがほぼ私自身の体験だったため、「それはお前の問題だろ！」「一緒にすんな！」と思われているかもしれませんが……女性たちから同様の事例がたくさん報告されていることもまた事実であり、多くの男性に共通する問題だと信じて話を進めていきたいと思います（まったく思い当たる節がない男性は、ふーんという感じで読み進めていただけると幸いです……）。

　なぜ我々は、すぐに「責められている！」と感じてしまったり、つい話をそらそうとしてしまったりするのか。それはもちろんケース・バイ・ケースとしか言いようがなく、また人によってもいろんな背景があると思います。もしかしたら単に怒られたくないというだけかもしれないですし、話し合いには相手の言葉を的確に理解し、また自分の内面を言語化する力が求められるため、脳に負荷がかかり、それが面倒くさいということもあるかもしれません。あるいは、自分の要望や見解を述べないのは、もしかしたら「不利になりそうなカードは出したくない」という思いからかもしれず、話し合いを交渉や駆け引きのように捉えている側面もあるかもしれません。

　これらを解明するためには、我々当事者が自分の内面をのぞき、そこにある理由を正直に言語化していくしかないわけですが、最後にひとつ、これまでの経験を通じて私なりに見えてきた、話し合いをめぐる男女差について紹介したいと思います。

私が見聞きしてきた限りでは、**男女でそもそも「話し合い」という行為の捉え方が違っているように感じられます。** 女性たちは概ね、話し合いを「目の前の問題（あるいは潜在的な問題）について互いの意見を述べ合い、そのすり合わせを図る行為」と捉えていました。一方の男性には、話し合いを「相手の機嫌をなだめるための行為」と考えている人が少なくありませんでした。

私自身もそうでした。将来のビジョンや現在の課題について、意見を交換しながら対話しようと求めていた彼女に対し、私は「なんか怒ってる！　ヘタなことを言えば別れ話に発展するかも……それだけは絶対に避けたい」ということばかり考えていました。これでは女性たちが「男性とはなかなか話し合いにならない」と感じてしまうのも無理はありませんよね。話し合いの場ではなるべく論理的に話を進めていくことが求められます。「自分はこう思う。なぜならこうだからだ」「ここは見解が一致しているけど、ここから先が異なっている」など、筋道を示していかないと話の共有や調整ができないからです。

しかし、機嫌をなだめることが目的（そもそも話し合いたいだけで怒っているわけではないのですが……）になってしまうと、相手の顔色をうかがいながら話を進めることになります。そうなると、「この質問は返答によっては怒りを買いかねないから話をそらしておこう」とか、「とにかく謝ったり相手が喜ぶことを言ったりして笑顔を引き出そう」とか、自然と発想がそういう方向に流れていってしまう。これでは話が論理的に進むどころか、論点がズレていったり、結論がうやむやになったりするので、女性にとってはなんの話をしているのか段々わからなくなっていきかねない。それで疲弊してしまい、「ちゃんと話し合えた感じはしないが、今回はとりあえずこのあたりにしておこう」と、モヤモヤしたものを残しながら話を終える、みたいなことが多かったりします。

女性側としてはまったく話し合えた感じを得られなかったにもかかわらず、嵐が去り、相手の機嫌が直ることを目指している男性たちにとっては、目的が達成されたことになります。なんなら「いい話し合いができた！」くらいに思っている可能性もあり……私はここに大きな男女差を感じています。

話し合いの終着点は相手の気分が収まることではありません。たとえ険しかった表情が和らいだとしても、問題は依然としてそこに存在し続けるわけで、なんの解決にもなっていないのです。絶望されたら手遅れです。そうなる前に、一つひとつの話し合いと真摯に向き合っていくことを激しくオススメいたします（私はあの失恋から立ち直るのに3年かかりました……）。

教えて、先生！

テーマ

『DV』

妻や恋人を殴ったことのある男性は少数派かもしれませんが、それだけが〝暴力〟じゃありません。からかい、ヤキモチ、不機嫌な態度……それらがもし暴力であるとしたら？　長年「暴力と男性性」の問題を研究し、『ドメスティック・バイオレンスと家族の病理』などの著書もある立命館大学教授の中村正さんにお話を伺います。

中村正（なかむらただし）先生

1958年生まれ。立命館大学教授。臨床社会学の視点から家族病理や社会病理の問題を研究。家庭内暴力の男性加害者への支援を行う「男親塾」「メンズサポートルーム」を立ち上げるなど、日本における「加害者問題」の研究・対策に取り組んでいる。著書に『ドメスティック・バイオレンスと家族の病理』（作品社）、『家族のゆくえ――新しい家族社会学』（人文書院）など。

殴る夫や彼氏だけがDV男じゃない

清田　ドメスティック・バイオレンス（DV）と聞くと、殴ったり蹴ったりという直接的な暴力を思い浮かべる人が多いかもしれません。そしてそれは、主に夫婦間で起こる夫から妻への暴力――というイメージが一般的ですよね。

中村　そうですね。DV加害者＝「殴る夫」や「殴る彼氏」と考えている人は多いと思います。

清田　でも中村先生の著書を読むと、DVとはもっと広い意味の概念であることがわかります。

中村　DVをめぐる議論では、暴力を「身体的暴力」「心理的暴力」「感情的暴力」「言語的暴力」に類型化したりしますが、議論や研究が進む中で、暴力の範囲は徐々に拡大されてきました。例えば近年では、DVが子どもの前で行われた場合、それを「面前DV」と呼んで虐待の一種と位置づけるようになったし、保護すべき責任のある人が必要なケアをしない「ネグレクト」も暴力とみなされる。ごくシンプルに言えば、DVとは「距離の近い関係性の中で起こる暴力」のことを指します。

清田　交際中のカップル間で起こる「デートDV」というものもありますよね。これまで桃山商事で聞いてきた恋愛相談の中にも、DVやデートDVの気配が漂うエピソードが少なくありませんでした。機嫌が悪くなると壁を殴って妻を脅す夫。口論になると軽度の自傷行為（頭に爪を刺すなど）を見せつけてくる彼氏。高校生である恋人の学校に乗り込み、「こいつが男としゃべってるのを見たら連絡ください」と自分の携帯番号を教師に渡した年上彼氏。長時間にわたる性行為（ときには24時間以上も）を強要してきた夫――。などなど、直接的な殴る蹴るの話は少ないものの、束縛や不機嫌な態度によって相手を萎縮させ、縛りつけようとする男性の話をこれまで数多く耳にしました。

中村　暴行はもちろんのこと、過剰な束縛や性の強要、避妊の拒否、暴言、無視、侮辱、自尊心を打ち砕く、自由を奪う、相手を孤立させる、責任の転嫁や放棄、監視、ストーキング、セカンドレイプ、マインドコントロール、プライバシーの暴露……などもれっきとした暴力であり、そこには多様な形があります。

清田　僕は恋人や妻を殴ったことはないので、これまでDVの問題を当事者意識をもって考えたことは正直ありませんでした。しかし、そのように暴力の概念を幅広く捉えてみると、「もしかしたら自分も無自覚になんらかの暴力行為をしたことがあるんじゃないか……」とゾッとしてきます。エピソードに出てきた夫や彼氏たちは必ずしも横暴なタイプというわけではなく、普段は優しかったり真面目だったりという人も少なくありませんでした。また年齢も職業もさまざまで、「DVをするのはこんなタイプ」と類型化することはできません。つまり裏を返せば、これは多くの男性に関係のある問題なのではないか……と。

中村　もちろんすべての男性が加害行為をするわけではありません。女性の加害者だっているし、同性同士の恋愛関係などでもDVは起こり得ます。距離が近く、相互に希求し合っていて、優劣のある非対称的な関係の中で起こることが多いものなので。とはいえ、そこで生じる暴力にはジェンダー規範が色濃く反映されており、ほとんどのケースで加害者は男性です。それゆえ、経験の有無にかかわらず、根底にある〝男性性（＝男らしさ）〟の問題を考えることは、すべての男性にとって意味のあることではないかと考えています。

負の感情を発散し、メンツの回復をはかる

清田　暴力と男性性というのは、実際どのように結びついているものなのでしょうか？

中村　「男らしさ」が暴力の直接的な原因になっているというわけではありませんが、加害者たちの語りに耳を傾けてみると、そこには男性に特徴的な習慣や思考様式が関与していることが見えてきます。例えば私が加害者臨床のグループワークで話を聞いたDV男性（38歳・会社勤め・2児の父）は、ある日の夕食時、妻が何気なく話した「今月苦しいのよね」というひと言に激昂(げきこう)し、「なんだと！」と平手打ちをしました。また別のときには、食事で望んだおかずが出てこなかったことに腹を立て、「こんなもの食えるか！」と怒鳴りつけた。

清田　えええ！

中村　彼いわく、当時はリーマンショックなどの影響で給料が下がっており、そのことを日頃から気に病んでいたようです。そういう中で、妻の言葉が「あんたの稼ぎが少ないから」という叱責に聞こえてしまった。おかずの件に関しても、妻から馬鹿にされたような気分になり、反射的に怒鳴ってしまったそうです。

清田　かなりこじれた受け取り方にも思えますが、彼としてはプライドが傷つき、それが激怒につながったというわけですね。

中村　これ、きっかけは妻の言動（内容的にもなんの問題もない）だったかもしれないけど、問題は明らかに夫側にありますよね。ネガティブな感情が基盤にあり、それが偏った受け取り方を生み出している。「稼ぎが少ない」という叱責に聞こえたのも、夫が勝手に作り上げた文脈なわけですから。ただ、これは他のＤＶ男性にも共通する構図で、ここに関与しているのが、序列や優劣の意識、領域（なわばり）の争い、女性蔑視、所有意識、力に対する欲望、メンツへのこだわり……などといった男性に顕著な傾向、つまり男らしさの問題です。

清田　なるほど。夫がキレた理由は、下に見ていた妻から「稼ぎ」という男の領域に踏み込まれ、夫としてのメンツをつぶされた、みたいなことだったのかもしれませんね。ただ、機嫌を損ねるだけならまだ理解できますが、それがなぜ暴力という形で発露してしまうのでしょうか？

中村　ごく簡単に言えば、暴力が選択されるのは「問題解決」のためです。先の夫で言えば、やり場のない怒りがわき起こったことが問題なわけですが、これを解決するためには、怒りの感情を発散させるか、つぶれたメンツを回復させる必要がある。ＤＶにおける暴力には「自己顕示的暴力」と「道具的暴力」の2種類があって、それは次のようなイメージになります。

・**自己顕示的暴力**――自己の怒りをしずめるために振るわれる暴力。それ自体が一種のカタルシス（浄化）となっている

・**道具的暴力**――相手の行為を修正させようとして使用される暴力。支配や服従のための手段であり、体罰や懲罰がこれに当たる

清田　なるほど……確かに夫は、暴力によって感情の発散やメンツの回復が達成されたかもですね。

中村　それともうひとつ、暴力を用いると「勝てる」わけです。口論や議論では女性側が優勢に立つケースも少なくありませんが、肉体的な優位性においては男性に分（ぶ）があることが多い。DV男性たちはそこに頼り、自分が男らしいと感じられるやり方で状況を切り抜け、女性を支配する。

清田　暴力は勝つための手っ取り早いツールでもあるわけですね。

中村　でも、DV男性たちがどんな場面でも暴力という手段を選ぶかというと、そうでは決してありません。彼らは妻や恋人（虐待の場合は子どもや高齢者）だからこそ暴力を振るっている。つまり「相手を選んでやっている」わけです。

自己矛盾を解消する「正当化のロジック」

清田　腕力で勝っている相手、絶対にやり返されることがない相手だとわかった上でやっていると。

中村　ただ、本人にはその自覚がないケースが多く、DV男性たちの中には「親密な相手だからこそ殴ったのだ」「家族だから犯罪には当たらない」などといった身勝手な理屈や甘えの意識が内在しています。しかし、自分よりも力の弱い者に暴力を振るうことは一般的な男らしさの規範に照らすと〝卑怯（ひきょう）〟ということになりますよね。ここに自己矛盾が生じます。そこで

必要になってくるのが「正当化のロジック」です。

清田　暴力という〝男らしい〟行為をしているのに、実態としては弱い相手を選んでいるという〝男らしくない〟状況になっている。その矛盾を埋めるための理屈が必要になってくる……何やら嫌な予感しかない話ですね。

中村　DV男性たちが語る「言い訳」や「正当化」にまつわる言説に関しては、これまで国内外でさまざまな研究がなされてきたし、私自身も力を入れて取り組んでいる分野のひとつです。大雑把に言えば「向こうだって悪い」「俺が悪いわけじゃない」「仕方ないことだった」「騒ぐほどのことじゃない」「これは家族の問題」などと暗に主張して体裁を取り繕おうとするためのものなのですが、より詳しく見ていくと次のように分類できます。

(1) 責任の転嫁——相手の落ち度をあげつらい、「相手が殴らせた」などと責任転嫁をはかる。また「ケンカ両成敗」のような構図を主張し、暴力の責任を引き受けない

(2) 意志の否定——アルコールやストレス、過去のトラウマなどなんらかの「外部要因」を持ち出し、「自分にはどうすることもできなかった」と自己責任を否定

(3) 被害の否定——単なる痴話ゲンカだと主張し、暴力であることを認めない。あるいは、普段は仲が良いことをアピールし、相手がDV被害者であることを否定

(4) 非難者の非難——「ただのケンカであってDVとは大袈裟（おおげさ）すぎる」「家族のことだから問題ない」「他人の家のことに口を出すな」と外部からの批判や介入を非難する

(5) 正当性の主張——間違ったこと、失礼なことをしたのは相手であり、自分はそれを正すために制裁を加えただけだという〝正義の暴力〟であることを主張

（6）役割意識の主張――「男とはこう振る舞うものだ」「一家の主として叱ったまでだ」など、社会に流布する役割意識や男らしさの規範に寄りかかり、自己の責任を回避

清田　これって痴漢や性暴力の加害者が口にしがちな言い分にも共通する話ですよね。男の性欲を「自分の意志ではどうにもならないもの」にすることで「だから仕方なかった」と暗に主張したり、「欲情を誘う格好をしていた女性側も悪い」などと被害者にも非があるという物言いをしたり……そういうことがあるあるレベルで発生している。

中村　虐待する親なんかも類似のロジックを用いがちです。これらは加害行為を起こす前に準備された動機として存在している場合もありますが、自分の立場をよくするために事後的に用意された説明である場合も少なくありません。また厄介なことに、当人にその区別がついていないことが多く、また周囲や社会、ときには被害者自身もそのロジックに一定の理解を示してしまうことがあり、それが加害や被害を見えづらくしてしまう。

清田　確かに……。我々が話を聞かせてもらった女性の中にも、「夫がキレたのは私が何か傷つけることを言ったせいではないか」「束縛されるのは苦しいけど、彼氏に心配させた私も悪いのではないか」などと自分を責めてしまっている女性も少なくありませんでした。

中村　このように、被害者が抱く自責の念なども巧みに利用しながら、「自分は暴力的な加害者というわけではない」「正当な意味や理由があって暴力を振るったまでだ」と自己の地位を保全するための説明行動を「中和化」と呼びます。

清田　本当に嫌なエクスキューズだと感じる一方で、そういった論法自体は些細なシーンで自分自身も用いたことあるかも……という思いも

起こり、なんだか複雑な気分になります。

暴力と競争と友情が紙一重な男同士の関係

清田　こういった男性の加害性に、男性自ら目を向けることはそれほど簡単なことではないように感じますが、そもそも中村先生は、どういった経緯で暴力と男性性の問題に関わられるようになったのでしょうか？

中村　元々は「男性同士の関係性」に抱いていた疑問から始まったものでした。その源流をたどると、小学生の頃までさかのぼります。5年生のときにマサルくんというクラスメイトがいて、彼は背が高くて勉強もスポーツもできて、おまけにいいやつという非の打ちどころがない男子だったんだけど、あるとき児童会の役員を決める選挙みたいなものがあり、私とマサルくんが立候補する流れになったんですね。そしたら彼は「いいよ、正くんにあげる！」と譲ってくれまして、そこで私は敗北感を抱き、彼との関係がなんとなくぎくしゃくしてしまったんです。

清田　なんかわかるような気がします。勝手に比べて勝手に負けたような気持ちになってしまうことってありますよね。

中村　嫉妬しちゃったりね（笑）。もちろん当時はジェンダーとかフェミニズムなんてものは知らなかったわけですが、私の中には体験的なレベルで「男同士の付き合いって難しいな」という感覚が芽生えたんです。自分のライフヒストリーを振り返ってみるとそれを感じるシーンは他にもたくさんあって、例えば小さい頃は4歳下の弟を相手に負けるはずのないケンカをくり返していたり、あと、うちの父親は竹馬とか竹とんぼを作ってくれた自慢のオヤジだったんだけど、そのパワーを借りて友達に「すごいだろ」って自慢ばかりしていたり。また、友達のちんちんがとても気になり始めたり、性的な関心をどう収めていいのか悩んだり、好きな女子を直視できなかったり、モデルでありライバルのような男友達とどう距離を保てばいいのか悩んだりと、苦しかった思春期の記憶があります。

清田 わかります……共感しかないです。

中村 そんな記憶をいろいろ思い出す中で、自分はなぜあんなことをやっていたのかという疑問と同時に、「そういった男同士のコミュニケーションの中で知らず知らずの内に刷り込まれていくものとはなんだろう？」という問いが浮かんだんです。明確に暴力とは言いにくいんだけど、競争なのか友情なのか暴力なのかよくわからない、まだ名づけられていない領域が男同士の関係にはあるんじゃないか。暴力とコミュニケーションが紙一重な環境の中で男子は自己形成をしていくんじゃないか。DVや虐待問題の根底には、そのような男性性の問題があるんじゃないか——。そんなことを考えるようになったんです。

清田 暴力が肯定的に捉えられる環境って確かにありますよね。僕が子どもの頃は「少年ジャンプ」の全盛期で、『ドラゴンボール』のようなバトル漫画や、『ろくでなしBLUES』のようなヤンキー漫画において、暴力はむしろカッコいいものとして描かれていたし、僕が中高6年間を過ごした男子校でも、教師からの体罰はわりと日常的に存在していて、しかもそれにビビるのはダサくてカッコ悪いという価値観すらありました。

中村 私の時代にも『あしたのジョー』や『巨人の星』といった作品があった。男の人生からすると、暴力って「当たり前に存在しているもの」だったりするんですよね。

清田 僕は19歳のとき、駅で4人組の男たちから暴行を受けたことがありました。友達とホームを歩いていたらいきなり「金を出せ」って絡まれて、周囲に人がたくさんいたから大丈夫だろうと思って無視したら、わけもわからない内にボッコボコにされ、鼻の骨を折られて血だらけになって救急車で運ばれまして……。でも、そのことを恥のように思う気持ちが抜けなくて、本当は思い出すたびに動悸がしてくるようなトラウマ体験のはずなのに、「5000円出せって言われて断ったらボコられて、結果的に病院で治療費2万5000円取られた（笑）」って、周囲には笑えるネタのように話していた時期が長年続きました。

中村　それは大変な経験でしたね……。でも、暴力を受けても「被害」と認められないのも男性に特徴的な傾向なんです。弱音を吐けなかったり、人によっては傷を乗り越えたことを武勇伝にしてしまうこともある。そういう中で男性の暴力被害も見えづらくなっていくわけです。

清田　自分もまさにそんな感じでした。

中村　デボラ・カメロンという言語学者が「ジェンダーは名詞ではなく動詞である」と言っているんだけど、男性にとって「男らしさ」とは行動の指針やシナリオとして機能している。そういった視点を導入しないと暴力の問題は解き得ないのではないかと考え、大学院時代に学んだ「臨床社会学」の立場から暴力と男性性の問題に取り組み始めたというのが今に至る流れです。当時はまだDV防止法（2001年に成立）もない時代で、それを説明するための言葉が全然なかったので、さまざまな男性たちの話を聞いたり、自分の内面を掘り下げたりしながらワードを構築していくところからのスタートでした。

「関係コントロール型暴力」とは

清田　中村先生は著書の中で、「親密な関係」に秘められた危険性について述べられていました。距離が近く、身体接触の機会も多く、精神的な一体感があり、自他の境界や認識が薄れていく――。そういう関係の中で暴力も発生しやすくなるという指摘でした。

中村　そうですね。夫婦や恋人だけでなく、親子や師弟、教師と生徒や上司と部下なんて関係もそこに含まれると思いますが、こういった非対称な関係性に根ざして立ち現れる暴力を私は「関係コントロール型暴力」と呼んでいます。ここで言う暴力はもちろん身体的なものだけでなく、心理的、感情的、言語的な暴力も含まれますが、それらを用いて被害者の心や身体、思考などをコントロールしようとするわけです。

清田　冒頭でも紹介した暴力の事例——過剰な束縛や性の強要、避妊の拒否、暴言、無視、侮辱、自尊心を打ち砕く、自由を奪う、相手を孤立させる、責任の転嫁や放棄、監視、ストーキング、セカンドレイプ、マインドコントロール、プライバシーの暴露などはまさにそれですよね。

中村　こういったものの土台にあるのが男らしさの問題です。これまで述べてきたように、そこでは暴力が容易に肯定されるどころか、暴力によって自己を形成し、他者との関係を構築していく習慣すらある。男性にとって暴力は相手との境界線を越えるためのツールになり得てしまうんですよね。古くは殴り合って友情を深める男性たちの姿が映画や漫画にはよく描かれていたし、競い合いによって互いに切磋琢磨していくとか、あるいはイジりやからかいによって絆を確かめ合うといったコミュニケーション様式も極めて男性的です。

清田　DVやデートDVも、そういう男性的コミュニケーションの延長線上にあるというわけですね。僕も昔、ヘアスタイルをショートボブに変えた恋人に対して「ちんちんみたいな髪型だね〜」とからかい、泣かせてしまったことがあるのですが、思えばあれも一種のデートDVだったのかもしれません。

中村　どうしてそんなことを言ってしまったの？

清田　そのとき周囲には男友達も数人いて、彼女をイジって笑いを取ろうという意図があったんですが、心の奥底のほうでは、恋人の新しい髪型があまり好みの感じではなく、その感情が攻撃性のあるイジりとして発露してしまっていたのではないか、と今の話を聞いていて思い直しました。

中村　もしそうだとすると、清田さんの取った行動は一種の「関係コントロール型暴力」ということになるかもしれませんね。

清田　絶望的すぎてつらいです……。こういう「男らしさ」に根ざした加害性について、我々男性はどのように自覚することができるのでしょうか？

中村　もちろん「男らしさ」といってもその内実は多義的だし、当人の性質やそのときに置かれた状況、また相手との関係性や社会状況なども関係してくるため、「これをすれば暴力は防げる」という万能な対策があるわけではありません。しかし、私も関わっている「脱暴力のプログラム」など、加害者臨床の現場で培われた知見やノウハウは非常に役立つと考えています。それは「アンラーン（脱学習）」といって、暴力と結びつきそうな男らしさの習慣や思考、認知の癖などを〝学び落としていく〟というものです。

感情の言語化とパワーの適切な使い方

清田　暴力と結びつきそうな男らしさを「アンラーン」していくプログラムとは、具体的にどういったものになるのでしょうか。

中村　脱暴力の対策は「暴力のナラティブ」を取り出すところから始まるんですね。ナラティブとは「自己の物語化」といった意味の言葉ですが、当人がどういう認識の元に暴力行為に及んだのか、まずはそこを聞き取ります。先に挙げた「中和化のロジック」などもそれですね。

清田　都合のいい言い訳や正当化のための理屈を検証し、修正していくというイメージでしょうか。

中村　そうではあるのですが、例えば「認知の歪み」というような価値判断はせず、あくまでナラティブとしてそのまま取り出します。「歪み」という表現に対しては「正しい認知」「適切な認知」が想定されることになるわけですが、ここには正解のようなものが存在するわけではないので。そうやって当人の言い分を聞き取った上で、どうしてそう思ったのか、相手はそのときどんな気持ちだったと思うかなど、いろいろ質問を投げかけながらナラティブを耕していきます。

清田　自分の感情や思考様式について言語化していくわけですね。

中村　そういう対話の中で男性たちの「意識覚醒（コンシャスネス・レイジング）」を促します。ただし、男性にとって感情の言語化というのはなかなか難しいもので、まさに清田さんの被害体験のように、DV加害者たちも自分の行為をある種の「エピソード化」してしまっていて、それを解体するのに時間がかかるわけです。

清田　僕も「あのとき自分は怖かったんだ」「本当は今でも悔しい気持ちが残っている」というようなことを自覚し、認めるまでにものすごく時間がかかりました。

中村　基本的にはグループワークを通じた語り合いの中で言語化を進めていくことが多いけど、読書で言葉を仕入れたり、あるいは自分の体験を芝居にするというアプローチもある。諸外国の刑務所では「プリズンシアター」といって、受刑者たちが自分の犯罪を演劇で表現し、みんなで評しあうというプログラムが実際にあったりします。言葉にならないから行動化してしまったわけで、そこを改めて言葉にしていくことはとても大切です。

清田　ひと口に「言語化」といってもさまざまな手法があるんですね。

中村　ただ、もちろん言葉にするのは大事なんだけど、今度は脱暴力のプロセスによって〝腑抜け〟になってしまう男性も一定数いるんです。

彼らにとって暴力とはパワーそのものなんですよ。誰かを攻撃することによって自分を奮い立たせてきた人にとって、脱暴力は生きる力を奪われることにすらなりかねない。そういう男性たちに対しては、例えばボクシングのようなプログラムが有効だったりします。つまり「殴るならちゃんと殴れ」「弱い者には手を出すな」と、卑怯な暴力を責任あるパワーに組み替えていくアプローチですね。プロボクサー経験者などが指導に当たっているところも多く、効果もてきめんです。これを「リフレーミング」と言います。

清田　感情を言葉にしていくことと、持っている力を適切に使えるようになることは、男らしさの問題を考える上で重要な両輪となるわけですね。

中村　今回は暴力と男性性にまつわる話が中心になりましたが、DVの問題で真っ先にケアされるべきはもちろん被害者です。近しい人から暴力被害に遭うと信頼や安心の基盤が壊れ、常に恐怖を感じながら日常生活を送ることになります。自分を責めてしまったり、過剰に加害者の世話を焼いてしまったりする人すらいます。暴力が相手を異常な事態に追い込む行為であることは、すべての人が理解しておくべきだと思います。

清田　中村先生は「地雷とともに暮らしているようだ」「卵の殻の上で生活しているようだ」というDV被害者の声も紹介されていましたが、日常を奪われるのって最も苦しいことですよね。

中村　被害者の保護および支援は引き続き拡充されていくべきですが、一方で加害者への対策も同時に進めていくべきだと私は考えています。かつて「売春」を「買春」と言い換え、買う男の問題なのだと読み替えたように、暴力をジェンダーの視点から捉え直し、男らしさに関する問題として掘り下げていく。まだまだ未開拓な部分も多いけど、男が自分たちで言葉を作っていかなくてはならない。私はよく「ワード（word）がワールド（world）を作る」と言っています。言葉がないと現実を認識できないので。でも、既製品の言葉に頼ると単に男らしさワールドが再生産されるだけなので、これを破壊する創造的なワードが必要です。そのためにはまず、競争的・暴力的に陥らない男同士の関係を模索していくことが大切です。そういう意味では、清田さんたちがやっている男同士の恋バナも有用な試みだと感じています。

清田　確かにそうですね。恋バナが暴力抑止につながるとは思いもよりませんでしたが……これからも語り合いを通じて男性性の問題を考えていきたいと思います。

PART5
理解できないと思われていること

お金のつかい方が意味不明な男たち

なぜ高額アイテムや高級食材を買い揃えるのか

今回のテーマは「お金」です。恋バナの中に登場するお金の話題というと、収入や貯金の話、デートの予算、あるいは「おごる／おごられる／ワリカンにする」といった定番の話題を思い浮かべるかもしれません。

もちろんそういった話も頻繁に出てくるのですが、同じくらい女性たちからよく耳にするのが、男性の「お金のつかい方」にまつわる疑問や不満です。「なんでもネット通販でポチってしまうのが意味不明」とか、「お金がないと言うわりに割高のコンビニで買い物するのが謎」とか、「試食したものを必ず買おうとするのなんで？」とか……挙げればキリがないほど細かい話がたくさんあるのですが、ここで焦点を当ててみたいのは〝男のファンタジー消費〟とでも言うべき問題です。それは何か。例えばこのようなエピソードに身に覚えはないでしょうか？

いいモノを買っておけばまちがいない！
VR

・彼氏が登山を始めると宣言し、いきなり高額な登山グッズを買い揃えて驚いた
・男友達は、大して使いこなせないのにやたらハイスペックな家電を買いたがる
・夫が珍しく料理をすると思ったらスーパーで高い食材ばかり買ってきて腹立った
・すでに使われなくなった夫の筋トレグッズやキャンプ用品が家に転がっている
・アップル信者で、スマホやパソコンなど何かと最新型のものを欲しがる会社の後輩

さて、いかがでしょう。財布のヒモが固い男性にとっては無駄なお金のつかい方に映るかもしれないですし、逆に自分のことを言われているようでゾッとした人もいるかもしれません。かくいう私も、「絶対使わなくなる」と妻から反対されたにもかかわらず、「それは絶対にない」と耳を貸さずにネット通販で買ったエアロバイクがすでに物干しと化しています（あるあるすぎますね……）。

ここに挙げた事例はほんの一部に過ぎませんが、では、女性たちはこの問題のどういった部分に疑問や不満を感じているのでしょうか。話を聞いていると、どうも女性たちは単に「無駄づかいをやめろ」と言っているわけではないことが伝わってきます。使わないものを買うのはもったいない。買ったからにはちゃんと使うべきだ。もちろんそういう思いもあるようですが、それ以上に引っかかっていたのが、「なんのためにそれを買ったのか？」という〝理由〟や〝モチベーション〟の部分です。

女性たちが疑問に思っているのは

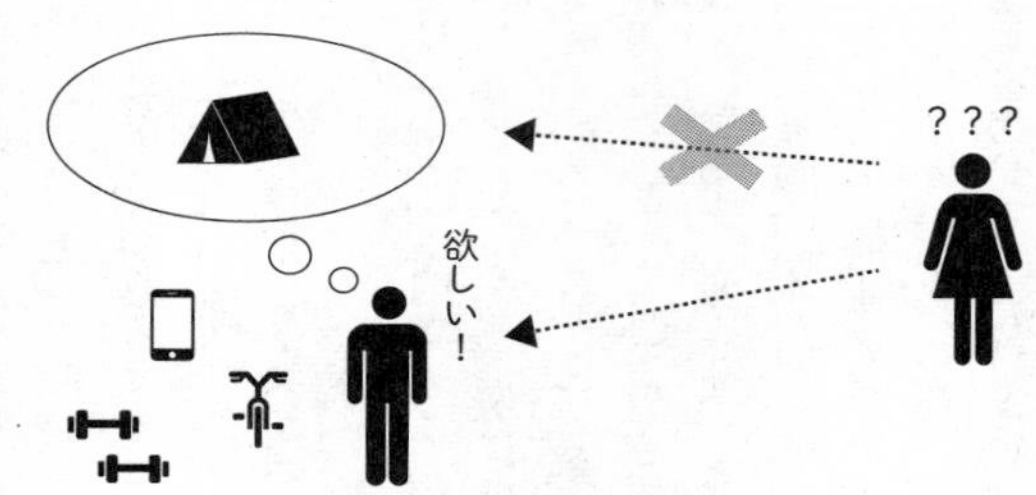

購入したものや無駄づかい自体ではなく、
それを買った理由やモチベーションの部分

本当に〝必要〟だったのか

なんのために買ったのか——。そう聞かれて口ごもる人はあまりいないと思います。「必要だから」「ちょうどこういうのを探していたから」など、意気揚々とその理由を説明するはずです。でも、「その必要性って具体的にどういうこと？」とさらに突っ込まれたら、どのように答えるでしょうか。なんだか答えに詰まってしまうような感覚はありませんか？

例えば私がエアロバイクの購入を検討した背景には、「体力アップのため」という大義名分がありました。私は趣味で草サッカーをやっているのですが、家でひたすら原稿を書く日々の中で効果的にスタミナ強化のトレーニングを積む方法はないかと考えたとき、気が向いたらすぐに有酸素運動ができるエアロバイクが魅力的に映ったわけです。ネット通販で1万2000円程度でした。

それが自分なりの「必要性」だったわけですが、妻にはだいぶ怪しく感じられたようです。当時は思わずムッとしてしまいましたが、エアロバイクが物干しと化した今は彼女の気持ちが理解できるような気がします。それはこのようなことです。

もし私が日頃から外で自転車をこぐトレーニングをしていて、それで「時間短縮のため」「部屋の中なら安全だから」などの理由でエアロバイクの購入を検討していたら、妻もなるほどと納得したことでしょう。しかし現実の私は、まだ日課にもなっていない自転車トレーニングをやる前提で、「体力アップのため」「効率がいい」「夫婦でも使える」など理由を並べ立ててエアロバイクを購入した。一見もっともらしい理屈にも見えますが、これでは「必要だから買った」と言うにはちょっと無理がありますよね。それよりも、「エアロバイクを導入することで実現されるであろう理想のイメージ」を買ったと言ったほうが実態に近い。

冒頭で挙げた、初心者なのに登山グッズを買い揃えた彼氏にも、やたらハイスペック家電（ルンバとか高圧洗浄機とかBOSEのサラウンドシステムとか……）を買いたがる男友達にも、いきなり高い食材を買ってくる夫にも、おそらく根底には同じ問題が横たわっています。

現実の生活に則し、実際に生じた必要性ゆえに購入するのではなく、まるでロールプレイングゲームにおける装備やアイテムのように、それを身につけるとあたかも自分がすごくなれるかのような「気分」に対してお金を払っている——。これが先に〝男のファンタジー消費〟と呼んだものの正体です（チャララッチャ、チャッチャーというレベルアップ音が聞こえますね……）。

〝ファンタジー消費〟が悪いわけではない

もっとも、「それの何が悪いんだ」という気もしてきます。家計を圧迫したり身を滅ぼさない限り自分のお金を何につかおうが基本的に個人の自由だと思いますし、すべての消費は必要性に基づいたものでなければならず、実際に使用するもの以外の買い物は無駄という価値観は息苦しいなと感じます。実体のない虚構に金を払ったって、役に立たない妄想に課金したっていいじゃないか、人間だもの！　なんて気にもなってきます。

では、これの何が問題なのでしょうか？

女性たちがネガティブな感情を抱いているのは、ファンタジー消費そのものに対してではありません。ちょっとややこしい言い方になりますが、「ファンタジーをファンタジーと自覚していない」という部分に対して疑問や不満を抱いている。別に夢想や期待感にお金を払うのは悪いことじゃないし、よくあることだとも思うけど、せめて現実を認識した上で消費することはできないのか——。女性たちの声をまとめると、こうなります。

例えば自分が登山の初心者であることを認識し、まずは必要最低限の装備を揃え、少しずつ登山の経験を積んでいく。そういう中で徐々に挑戦する山のレベルも上がっていき、気候が急変する標高の場所に行くから温度調整のできるジャケットを買おうとか、山中泊にトライするから登山用のテントを買おうとか、そういう順番なら、これは現実に即したお金のつかい方となるはずです。また私の場合も、今は運動が全然できていないし、買ったからといってちゃんと使い続けられるかどうかはまだ自信ないんだけど、このままだと運動不足が解消できないし、自分にプレッシャーをかけるためにも思い切ってエアロバイクを買いたいという話であれば、妻もおそらく納得してくれたでしょう。

しかし、自分の力量や現状を踏まえることなく、使いこなせないようなスペックのものを買ったり、アイテムの力を借りて自分をすごく見せようとしたり、抱えている課題や困難をグッズの力で一発解決しようと夢想するのは、確かにちょっと浅はかなような気がしませんか？

もちろんファンタジーだと自覚したところで、こういった消費の仕方は楽しいし、刹那(せつな)的な快感があったりもするため、なかなか止められない厄介なものだと思いますが……お金のつかい方には我々の価値観や性格が知らぬ間ににじみ出ていて、それが周囲の人に思わぬ印象を与えている可能性があるということは言えそうです。「買いたい」という欲望がわいたとき、それは**自分のリアルな内面を見つめるチャンス**かもしれません。

ねえねえ
コレ買おうと
思ってんだけど
どうかなっ？
え、
またネット
ショッピング？
衝動買いは
やめてよ
以前ネットで買った
運動器具の成れの果て

って何コレ…
ZOZOZO
<バトルスーツ MENS>
レッド
ブルー
ナチュラル
¥58,000-
何って
武器と
防具だよ

こういうの
買っとけば
いざって時に
君を守れる
と思ってさ
今って
なにかと
物騒だろ？
だったら
カラダ鍛える
とか護身術
習うとか、
他にあるでしょ

俺みたいな
もやしっ子は
鍛えたってムダさ
こういう
ガジェットで
強くならないと
んじゃ
買いまーす

後日
コスプレ？
ハロウィン？
プロモーション？
ガチャン
……。
パチリ
ガチャン
ヤベェヤツはっけん

そういうの
持ち歩いちゃ
ダメなんで、
ちょっと署まで
来てくれるかな
いやこれ
護身用です
おまわりさん
この人どこまで
ファンタジーを
ファンタジーと
自覚してないの…

身体のことを考えていない男たち

個人差や世代差の大きな問題だけど……

みなさんは普段から、自分の「身体」のことを意識しながら生きていますか？　そう聞かれて、どんなことを思い浮かべたでしょうか。この言葉は「からだ」とも「しんたい」とも読みますが、そこには案外いろんなニュアンスが含まれています。

例えば「身体の調子が悪い」なんて言うときは〝健康〟という意味で使っているだろうし、「身体を鍛える」の場合は〝肉体〟や〝筋肉〟を指しているはずです。また「身体で覚える」だったら〝感覚〟というニュアンスになるだろうし、「身体のケアをする」は〝美容〟や〝衛生〟のことを表していると思われます。

このようにひと口に「身体」と言っても、そこにはさまざまな意味合いがあるわけですが、どうも女性たちの目には、我々男性が「**身体のことをあまり考えていない人たち**」と映っているようなのです。それは一体どういうことなのか。まずは女性たちの声を紹介します。

・職場の男性を見ていると、飲酒、喫煙、寝不足、偏食など、健康が心配になる
・彼氏は少し体調が悪くなると大げさにわめく。なのに病院には行きたがらない
・夫も息子も、うがいや手洗いの習慣がない。いくら言っても身につけようとしない
・上司は口臭や体臭に対するケアが甘いし、爪の汚れや顔のベタつきなどにも無頓着
・肌の手入れや日焼け対策など身体のケアやメンテナンスをしない人が多くて驚く

さて、いかがでしょうか。少し辛辣に聞こえるかもしれませんが……思い当たる節はありましたでしょうか。もちろん男性もさまざまなはずで、健康に気を配っている人もいるだろうし、不潔どころかむしろ潔癖寄りの人だっているでしょう。スキンケアをしている男性だって今どき少なくないはずです。

だからこれらの事例にまるで当てはまらない男性も多数いるとは思うのですが、女性たちからこういった声をよく聞くことは事実です。身体に関する意識は個人差や世代差が大きいようにも感じますが、ここでは「身体のことを考えていない男たち」とまとめ、その背景やメカニズムについて考えてみたいと思います。

〝リセット〟や〝一発解決〟的な対処を好む

今回は個人差が大きな問題なので、もう少し参考事例を挙げながら考えていきます。先に紹介したエピソードの他にも、例えばこのようなものがありました。

・寝不足や飲み過ぎ、健康診断の数値など、職場の男性たちの〝不健康自慢〟が謎
・フリスクやリステリン、汗ふきシートなど、香りの強いものでニオイをごまかす
・栄養ドリンクやサプリなど、疲労や食の偏りを〝ドーピング〟で解決しようとする
・子どもの運動会や会社のフットサル大会など、急な運動で大怪我をする男性が多い
・前戯が乱暴な彼氏に座薬を頼まれ、「ゆっくり入れろよ」と指示されて腹立った

どの事例もリアルですね……。確かに不健康を自慢する男性は多いし、私自身も栄養ドリンクに頼りがちな生活を送ってきました。座薬を怖がる彼氏の話はつまり、彼女にしてみれば「だったら私にも優しく前戯しろよ」って話なわけですよね。相手の痛みに対する想像力が不足しているし、75ページ~で取り上げた「女性の身体に対する無理解」という問題でもあり、多くの男性に共通するものではないかと感じます。

これまでの事例をまとめると、健康に無頓着で、清潔感に欠け、身体のケアをあまりせ

ず、継続的なメンテナンスよりも〝リセット〟や〝一発解決〟的な対処を好み、肉体の老化や衰えを直視せず、身体のことに関する想像力が不足している——。これが女性の目に映る「身体のことをあまり考えていない男たち」の特徴ということになります（もちろん男性が全員こうだという話ではないし、人によって当てはまる部分と当てはまらない部分もバラバラだとは思いますが、その問題はいったん横に置いて話を進めます）。

ではなぜ、このような特徴が生まれているのでしょうか？

身体意識の低さとジェンダーによる影響

紹介した事例は、すべて女性の目に映る男性たちの姿でした。つまり「女性から見て」という前提がついています。よく考えたら男性も女性も同じ人間であり、それぞれ生物学的な特徴はあるものの、基本的には同じ身体を持っています。不健康にしていれば病気にもなるし、女性にだって体臭や口臭はあるし、年齢を重ねれば肉体的な機能は衰えていくわけです。身体的な条件はさほど変わらないにもかかわらず、男性のほうが総じて身体に関する意識が低いのだとしたら、そこにはおそらく「ジェンダー」が関与していると考えられます。

ジェンダーとは「社会的・文化的に形成される性差」と訳される言葉で、この社会で暮らす中でいつの間にか内面化されているような男女の違いを意味します。例えば「男なんだから泣くな」とか「女の子はピンクが好き」とか、あるいは「男は外で仕事」「女は家で子育て」とか、そういう〝世間〟や〝常識〟みたいなものが作り上げている男女のイメージや役割意識っていろいろありますよね。私たちは意識せずともそういうものに影響を受けながら生きているわけですが、ここでテーマにしている身体の問題に関しても、ジェンダーが深く関与しているのではないか……。

例えばわかりやすいトピックで言えば、ここ数年「日傘男子」という言葉が注目されています。「男だって真夏の陽射しはきついんだ！」という男性たちの叫びかもしれないし、男性にも日傘を買ってもらって市場の拡大を目論む傘業界の戦略なのかもしれませんが、いずれにせよ、根底にはジェンダーの問題が関係しています。つまり、前提として「男は暑さに耐えるべし」「紫外線（＝日焼けや皮膚の健康）を気にする男なんて軟弱だ」「男が日傘を差している姿は気持ち悪い」といった社会的な眼差しや思い込みが存在しているからこそ、「日傘男子」が逆説的に注目されたのだと考えられるわけです。

ただし、その裏には同時に「女はか弱くあれ」「女は紫外線を気にするものだ」「女なんだから日傘くらい持ち歩くべし」という圧力も働いています。これは男女どちらにとってもしんどい状況だと感じますが、「身体のケア」という視点から見ると、男性は肌の手入れや日焼け対策をするべきでないと思われているわけで、「身だしなみを整えるべし」というプレッシャーは相対的に弱いとも言えます。もしも男性に「身体のケアやメンテナンスを全然しない人」が多いとしたら、背景にこういったジェンダー規範が関与していると考えられます。

この構造は他の要素にも当てはまります。先の事例に出てきたニオイや衛生面、清潔感やダイエットなどに関しても、男性にかかる圧力は女性に比べて弱いわけで（汗くさい男性と汗くさい女性がいた場合、女性のほうがよりマイナスに見られる、といった意味で）、その分、男性のほうが全体的に身体への意識が低くなっているという傾向は指摘できそうです。それにより、自分の身体の状態を観察する力や、継続的にメンテナンスするという発想、またそのための知識やスキルなどが育っておらず、先に挙げたような特徴が生まれているのではないか——。これが私の思う「ジェンダーによる影響」です。

ハゲへの恐怖が「男」を変える

しかし、男性たちが全身くまなく意識が低いのかと言うと、そうではありません。ひとつ異様に意識が発達している場所があって、それは「毛髪」です。私の知る限り、男性は早いと中学生くらいからハゲることに怯え始め、ネットや雑誌で調べたり、男性同士で情報共有したり、育毛シャンプーや頭皮ケアなどいろいろ試したりしています（私もそうでした）。恐怖の背景には、男同士のからかい合い、広告やCMなどによる煽り、バラエティ番組での〝ハゲイジリ〟などさまざまな要素があると思いますが、そういう中で男性は、毛髪への意識を、半ば強制的に高めさせられているように感じます（なぜハゲることにだけ異様に怯えるのかについては、255ページから始まる須長史生先生との対話の中で深く掘り下げています）。

毛穴に脂や汚れがつまることにネガティブなイメージを抱く。海水や紫外線は毛髪に悪い影響を与えるような気がする。帽子は頭皮が蒸れるから長時間かぶらない。毛根に栄養を与えなくてはと考える。頭皮は大事な場所だからこすったり引っ張ったりしない。過度の飲酒や喫煙、寝不足などが発毛を妨げる感じがする——。このように、男性たちは毛髪や頭皮に対して非常に繊細な感覚を持っていて、しっかりシャンプーをしたり、ヘッドスパを受けてみたり、丁寧に扱ったりしているわけです。唐突な話で恐縮ですが、**その感覚や想像力を全身に広げ、また他者の身体に対しても広げていく**ことが、「身体のことをあまり考えていない男たち」から脱却するためのヒントになると私は考えています。

私たちの身体は有限なものです。また常に変化しているものでもあります。使えば疲弊していくし、老廃物も溜まります。雑に扱えば傷つくし、ときには変なニオイも出すし、健康を害せば機能を停止してしまうこともあります。そして加齢が進めば、あったものがなくなったり、できたことができなくなったりしていきます。身体がそういうものである

直視することと目を背けることの違い

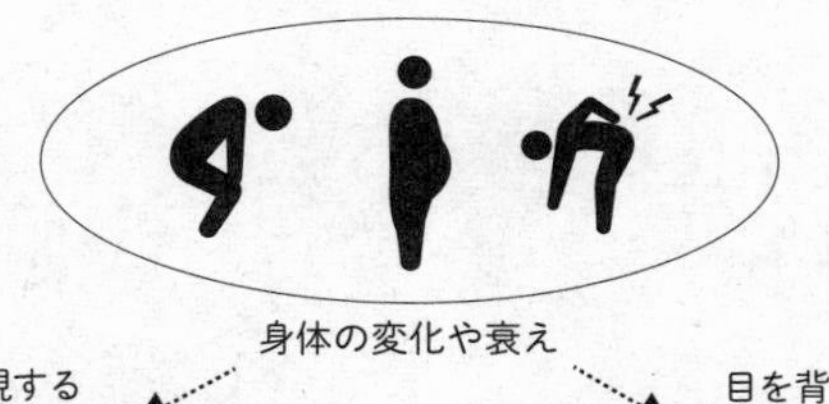

身体の変化や衰え

直視する

- 現実に合った対処ができる
- 他者への想像力が芽生える
- 自己イメージが豊かになる

目を背ける

- 対処法や予防策を見誤る
- 問題を放置することになる
- 他者からの見え方と乖離

ことを前提として受け入れ、どう付き合っていくか――。

我々男性に不足しているのは、そういう意識なのかもしれません。私はまもなく40代半ばに突入しようというタイミングですが、確実に視力や体力の衰えを感じるし、同世代の男友達も、お腹が出たり腰痛を患ったりしています。そんなとき、我々は「最近ビール飲みすぎかな？」「ここんとこ運動不足だったしな……」などとつい考えてしまうのですが、それは「不摂生をやめ、適度な運動をすれば元に戻るだろう」という意識の表れであり、意地悪な言い方ですが変化や老化から目を背けている証拠だと感じます。「急な運動で大怪我をする男性が多い」のも、確かに運動不足の影響もあるとは思いますが、おそらく原因は「自己イメージが更新されていない（＝自分はいつまでも若いと思っている）」ところにあると思われます。

そうならないためにも、頭皮に対するような感覚で、身体を繊細で有限なものと認識してみるところから始めてみませんか？

保守的で変化を嫌う男たち

こだわりがあることには罪がないのだけれど……

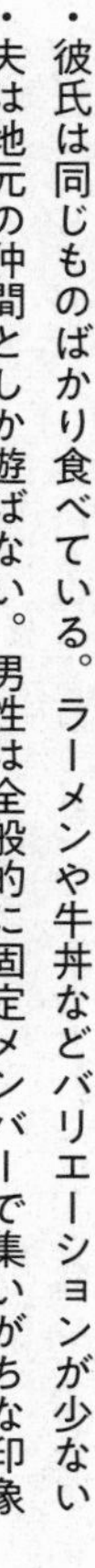

・彼氏は同じものばかり食べている。ラーメンや牛丼などバリエーションが少ない
・夫は地元の仲間としか遊ばない。男性は全般的に固定メンバーで集いがちな印象
・自営業の夫は、仕事でも家事でも「こう」と決めた自分のやり方を変えたがらない
・元カレは私の友達と会いたがらなかったし、初対面の人との交流も避けがちだった
・服装、髪型、お店、シャンプーなど、彼氏は〝定番〟を変えたがらない。そこが謎

今回のテーマは、仕事から私生活、食事やコミュニケーションに至るまで、幅広いシーンに関わっています。男はなぜいつも同じようなものばかり食べているのか。男はなぜ恋人の友達と会いたがらないのか。男はなぜデートコースが固定化するのか。女性たちからしばしば耳にするこういった話には、とある共通点が存在します。それは「保守的で変化を嫌う男たち」の姿です。

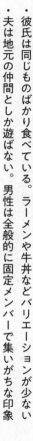

もちろん、これらは迷惑行為ではないし、相手を傷つけるようなものでもありません。たとえラーメンばかり食べていようが本人の自由だし、定番を好むことの何が悪いのかという話だし、交流したくない人と無理にコミュニケーションを取る必要もないでしょう。

ですので、ちょっと取り上げにくいテーマではあるのですが……どうやら、女性たちの目には「保守的で変化を嫌う男たち」の姿が奇妙に映っているようです。

それはどういった理由によるものなのか。私自身の中にも保守的で変化を嫌う傾向が確かにあるので（特に食べものに関して顕著です……）、気になるところではあります。ではまず、冒頭に挙げた事例を語ってくれた女性たちの声を紹介します。中には辛辣な意見や、「さすがに偏見では……」と感じるものもありますが、いったんそのまま列挙してみます。

・彼氏は同じものばかり食べている。ラーメンや牛丼などバリエーションが少ない

↓「いつも同じようなものばかり食べてて飽きないの？　味覚が幼稚なのかなって感じてしまうし、選択肢の幅が狭いから、一緒に食事をしていても楽しみに欠ける。あと純粋に健康のことも大丈夫なのかなって心配にもなる」

・夫は地元の仲間としか遊ばない。男性は全般的に固定メンバーで集いがちな印象

↓「夫や元カレ、男友達や会社の男性たちもそうなんですが、男の人って、いつもの

メンバーといつものお店で、いつも同じような話ばかりしているイメージがあります。特に同僚の男子は休日も同期でゴルフやフットサルに行っていて、よく飽きないなって不思議に思います」

・自営業の夫は、仕事でも家事でも「こう」と決めた自分のやり方を変えたがらない
↓「こだわりがあるのはいいことだし、慣れたやり方が効率的なことも理解しているけど、中にはどう見ても非合理的だったり、こっちに迷惑かけたりしている場合もある。その際は私の意見にも耳を傾けて欲しい。提案や助言をしただけで機嫌を損ねるのも意味不明」

・元カレは私の友達と会いたがらなかったし、初対面の人との交流も避けがちだった
↓「初対面の人とのコミュニケーションが苦手なのか、私の友達に全然会おうとしてくれなかった。普通に紹介したいだけなのになぜ？　そのくせ自分のコミュニティには私をよく連れて行っていた。そのあたりの矛盾が解せなかった」

・服装、髪型、お店、シャンプーなど、彼氏は〝定番〟を変えたがらない。そこが謎
↓「大きなお世話だと思うけど、『またそれ？』って感じてしまう。定番＝こだわりと

いうより、単に思考停止してるだけのようにも見える。冒険しないところ、変化を恐れているように見えるところがつまらなく感じるときも正直ある」

変化を嫌っている時点で保守的ですらない？

さて、いかがでしょうか。保守的であること、変化を嫌うこと自体にはなんの罪もないけれど、その姿はもしかしたら、第三者の目には奇妙なものに映っているかもしれません。もちろん悪いことをしているわけではないし、頭ごなしに否定したいわけでもありません。ただ、我々男性も一度くらいは「保守的で変化を嫌う男たち」に困らされたことがあるのではないかと思います。頭の固い父親、融通の利かない教師、新しいものを認めたがらない上司、何かと下の世代を否定したがる先輩など、そういった存在に悩まされたことは誰しもあるはずです。そういうものに、自分が知らぬ間になっていたとしたら……。かつて自分が嫌っていたはずのものになってしまうなんて、考えるだけでゾッとしますよね。

もっとも、「定番の服を好むこと」と「新しいものを認めたがらない上司」の間には、大きな隔たりがあります。お決まりの服を着ることは誰にも迷惑をかけていないけれど、若い人の意見や新しい仕組みを取り入れず、仕事を停滞させるようなことがあれば、それはまわりに迷惑をかけていることになる。なので、これらは単純にイコールで結んでいい

「保守的」とはどういう態度か

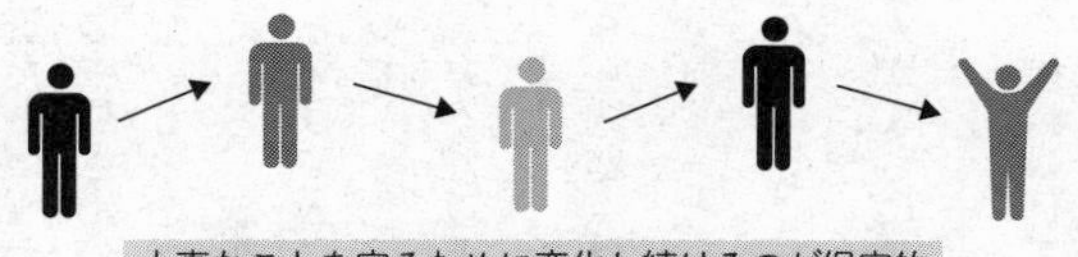

大事なことを守るために変化し続けるのが保守的

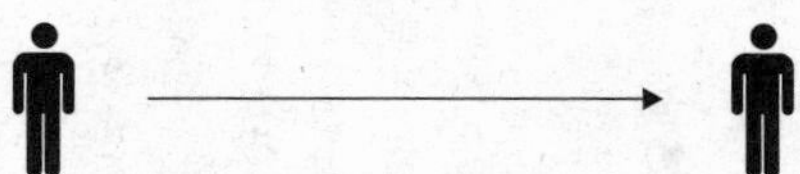

変化を拒む態度は保守的とは言えない？

ものではありません。しかし、「変化を拒む」という姿勢は共通しているわけで、根底の部分でつながっている問題のような気もします。

少し話は飛びますが、「保守」とは主に政治の分野で使われる言葉です。保守には「右翼」、つまり愛国的であったり、ときに排外主義的なイメージが付きまといますが、政治学者の中島岳志さんは著書『保守と立憲――世界によって私が変えられないために』（スタンド・ブックス）の中で、保守が重視するのは「永遠の微調整」であると述べています。

いわく、人間も社会もいかんともしがたい時間的変化にさらされ続けるため、それを受け入れていかざるを得ない。さらに、人間も社会も不完全な存在なので、永遠に完成することはない。なので、人間の理性や知性に対する疑いの目を持ちながら、他者の声や、歴史の風雪に耐えてきた知見などにも耳を傾けながら、微調整するように変化していくのが望ましい――。これが保守の本質だというわけです。

この中島さんの定義に照らしてみると、保守はむしろ変化を受け入れていきます。大事にしたいものを守るために小さな変化を続けていくのが保守的な態度と言えそうです。そう考えると、「保守的で変化を嫌う男たち」は、変化を拒んでいる時点で保守的ですらない、ということになります。では、保守的でなくてなんなのか。先の女性たちの意見に向き合ってみると、そこに登場する男性たちには「人から見られているという意識」「他者の声に耳を傾ける姿勢」「自分自身に対する疑い」「未知なものに対するオープンなマインド」「新しいことに挑戦する意欲」といったものが欠如していることが見えてきます。どうやら、問題点はこのあたりにありそうです。

変化を嫌うことは「豊かさへの無関心」

恋人がまさにこのタイプだという知人の20代女性は、こんなことを語っていました。

「私の彼氏は何ごとも自分のペースでやりたい人で、仕事でも日々の生活でもいろんなことがルーティン化されていいます。それは彼のいいところと表裏一体なので、頭ごなしに否定することはできないのですが、問題はあります。例えばルーティンとして朝必ずシャワーを浴びるんですが、それ自体はいいのだけど、遅刻しそうなときもそれを崩さないんですよ。髪型も付き合ってから一度も変わっていないし、服装も無印良品で同じシャツやパンツを何セットも揃え、スティーブ・ジョブズのようなユニホーム制度を採用している。それぞれのルーティンは効率的で素晴らしいなと思うんですけど、すでに答えが出ているものに関しては、いくらこちらが変化を望んでも聞く耳を持たず、コミュニケーションの余地がありません。生活のこととか子どものこととか、結婚したら歩み寄りやすり合わせが必要になってくるシーンが出てきますよね。長い目で見ると、この人とやっていけるのかなって不安になることが正直あります」

彼女の言う「コミュニケーションの余地がない」というのも、このテーマにおける重要なポイントのひとつではないかと思います。ルーティン、パターン、コース、定番……こういったものは決まっていると便利ですし、思考や実行にかかるコストが軽減されるため、とても楽です。なので、一度定まったものをそのまま維持したくなるのも、ある意味で自然なことかもしれません。

しかし、「人から見られているという意識」「他者の声に耳を傾ける姿勢」「自分自身に対する疑い」「未知なものに対するオープンなマインド」「新しいことに挑戦する意欲」などに欠けているという見方をすると、途端にネガティブなものに思えてきます。コミュニケーションの余地がなく、他者からの影響も受けつけない……。こういう人と一緒にいると疲れそうだし、こちらばかりが合わせることになりそうで、「この人とやっていけるのかな」という不安が生じるのも無理はありません。そういうものの先に待っているのが頭の固い父親や融通の利かない教師や下の世代を否定したがる先輩だとしたら……今の内に自己の点検をしておくのも悪いことではないはずです。

先の知人女性は、変化を嫌うことは「**豊かさへの無関心**」だと述べていました。未知なものは怖いし、新しいものに慣れるのは大変だし、習慣を変えるのはとても面倒なことです。しかし、誰かの影響を受けたり、新しいものを取り入れたり、異文化に触れてみたり、ときには失敗してみたりするのも、それはそれで楽しいし、刺激的なことだと思います。大事な人たちとの関係を守っていくためにも、小さな変化を受け入れていく。私の場合、慣れ親しんだものしか食べたがらない傾向にあるので……まずは食の好奇心を広げることから始めてみたいと思います。

シングルタスクな男たち

忙しくなると連絡が取れない

最後は自分にとってもかなりシビアなテーマになりそうです。シングルタスク――つまり一度に複数のことができない、あるいは何かに取りかかると他のことができなくなるという問題について考えていくわけですが、私は完全にこのタイプの人間であり、仕事やプライベートで何度も失敗してきたというのになかなか改善されません。自分にとって最も苦しくて難しい課題だと感じています。

そんなわけで、今回はひたすら我が身を振り返りながら考えていくことになりそうですが、まずは女性たちが遭遇した「シングルタスクな男たち」の事例からご紹介します。

- 夫はスマホやテレビを見ているときに話しかけると返事がうわの空になる
- 彼氏は仕事が忙しくなると連絡が取りづらくなる。LINEの既読もつかない
- 夫は「仕事が一段落したら旅行しよう」と言うが、いつまでも一段落しない

・職場の男性たちは一度に複数の頼みごとをされるのを嫌がり、必ずどれか忘れる
・同棲中の彼氏はたまに料理をするが、一品ずつしか作れないのがちょっと不思議

いかがでしょうか……。私はまるで鏡を突きつけられた心地です。どれも自分のことにしか思えないし、叱責されているような気分にもなってきました。ああ、気が重い……。

もちろん女性にもシングルタスクなタイプの人はいるだろうし、男性の中にも複数のことを同時並行で行うマルチタスクを得意とする人もいるはずです。また、一般的に言われているように男性のほうがシングルタスクな傾向にあることが事実だったとしても、男女差に関する科学的な根拠は正直わかりません。男女で脳の構造が違うとか、脳の使っている部位が男女で異なるとか、そういう脳科学的な説明もあれば、原始時代から存在していた「男は外で狩り、女は家で料理や子育て」という役割分担の名残(なごり)だと説明する人もいます。どれもなるほどと思う部分もあれば、「ホントかな?」と疑ってしまう部分もありますが、私にその真偽を判定することはできません。

ここではシングルタスク/マルチタスクをめぐる男女差ではなく、自分自身の体験や女性たちから聞いた事例をサンプルにしながら、「シングルタスクな男たち」のどこに問題点があるのか、そして当事者としてこの問題にどう向き合っていけばいいのかということについて考えていきたいと思っています。

問題は「その他のことがほったらかしになる」こと

シングルタスクという言葉にはどことなくネガティブなイメージが付随しますが、それ自体は必ずしも悪いものではないはずです。そのことしか考えられないくらい没頭できるのはむしろすごいことだし、意識を集中させることはパフォーマンスの向上にもつながると思います（仕事でも勉強でも、複数のことを同時並行で進めるより、シングルタスクで一つひとつ取り組んで行ったほうがかえって効率的と指摘する研究結果もあるようです）。

では、ここでテーマにしている〝シングルタスク〟の何が問題なのかというと、それは「その他のことがほったらかしになる」点です。先の事例でも、返事がうわの空になる、連絡がおろそかになる、約束を果たさない、頼まれごとを忘れる、作業に無駄が多い……など、ひとつのことに集中すること自体はさておき、その他の部分に支障をきたしてしまうことが問題になっていました。

この「気を取られていること以外はすべてほったらかしになる」については、私はまったく笑えません。というのも、自分自身そのようなことをやらかし続けてきたからです。例えば昔、ルームシェアをしていた友人と「ウイニングイレブン（ウイイレ）」というサッカーゲームにハマっていた時期がありました。二人で家にいるときは本当にずっとウイイレばかりやっていて、それが原因で当時付き合っていた恋人と深刻なコミュニケーション不足に陥りました。メールもろくに返信せず、電話がかかってきても「会議中だからごめん」などと嘘をついてすぐに切る始末。頭の中が四六時中ウイイレのことで占拠されており、恋人からの連絡すら鬱陶しく感じられていました（ウイイレ依存症……）。

また、フリーランスの文筆業である現在も、ほったらかし問題が原因でさまざまな人に迷惑をかけています。ひとつの原稿に着手すると、頭の中でずっとそのことを考えている状態が始まり、他のことになかなか気が回らなくなってしまいます。メールの返信、スケジュールの調整、出していない請求書の作成、締め切りが迫った他の仕事……。目の前の原稿に取り組みつつ、そういった他のタスクも同時並行で上手に進めていければどんなにいいだろうと思うのですが、頭の中が目先の原稿で占拠されていると、どうしても他のことがほったらかしになってしまいがちです。かかってきた電話や宅配のチャイムすらストレスに感じるし、それはおろか、空腹なのに何を食べようかすら考えるのが面倒になるし、妻との会話でもうわの空になってしまうことが少なくありません。

原稿が進まないとすべてのことがどんどん後手後手になっていき、締め切りは正直ほとんど守れたことがないですし、家事もコミュニケーションもおろそかになりがちで、私は仕事も家庭もこれが原因でいつか干されるのではないかとマジでビクビクしています。

「処理能力」「トンネリング」「ジャグリング」

ここまでほとんどが個人的な反省みたいになっておりますが……共感してくれる男性も少なくないのではないかと、勝手に思っております。ではなぜ、我々はシングルタスク状態に陥り、他のことをほったらかしにしてしまうのでしょうか。

先ほど述べたように、その根本的な原因はわかりません。ただ、差し当たって我々にできることは原因の究明ではなく、その傾向と向き合い、自分なりの対処法を考えていくことではないかと思います。

桃山商事のメンバーである森田が以前、この問題をウェブ連載で考察したことがありました。その際に参考図書として紹介した『いつも「時間がない」あなたに――欠乏の行動経済学』(早川書房)という本にはこの問題の本質とも言うべきことが書かれてあり、私も森田からこの本を必読の書として薦められ、シングルタスクによるほったらかし問題が、少しずつですが改善されてきたような実感があります。以下、そこでの議論も参考にしながら原因と対策について考えてみたいと思います。

ハーバード大学で経済学を教えるセンディル・ムッライナタンさん、プリンストン大学で心理学を教えるエルダー・シャフィールさんという二人の研究者がタッグを組んで書いたというこの本は、誰もが陥りがちな「欠乏」という状態について、膨大な実験やフィールドワークから得られた実証データをベースに検証したものです。紹介されるエピソードに既視感があって読みやすいこともさることながら、著者が提示する「処理能力」「トンネリング」「ジャグリング」という3つのキーワードによって、ほったらかし状態に陥っている自分の状態を客観的に把握する視点を得られたのが一番の収穫でした。

この本のメインテーマである「欠乏」とは、時間がない、お金がない、余裕がないという状態――つまり必要なものが「足りない」という〝主観的感覚〟を指しています。仕事が忙しくなったり、何かひとつのことに囚われたりしてしまうと、脳の「処理能力」の大半がそのことで食われてしまいます。そうなると、処理能力の余力がなくなり、他のことがほったらかしになってしまう……。これがシングルタスクの大雑把なメカニズムです。

処理能力は認知や判断、制御や検討といったアクションに必要なものですが、これは体力のように有限なものなので、使用すれば減っていくし、減ってしまったら回復を待つしかありません。

そして、欠乏によって処理能力が目先のことで消費されてしまっている状態を「トンネリング」と言います。これはトンネルのように視野が狭くなり、目の前のことには集中している一方、それ以外のことが視界の外に追いやられてしまっている状態です。さらに、トンネリングが続くと今度は「ジャグリング」と呼ばれる状態に突入していきます。目の前に落ちてきたボールをキャッチし、それをリリースすると、またすぐ次のボールがやってきて、今度はそのキャッチ&リリースに処理能力が持っていかれてしまう……。

こうなってくると、常に「緊急で対処しなきゃいけないこと」に心が奪われている状態が続き、「まだ緊急ではない」と認識していることはどんどん後まわしになっていきます。

こうして私の場合、メールの返信や請求書の作成、家事や妻とのコミュニケーションといったものがおろそかになっていき、ヤバいヤバいと思いつつ目先の原稿に縛りつけられる日々が続いていたわけです。もちろん簡単に改善できるものではないのですが、自分の状態を客観的に把握し、そのメカニズムを理解できたことで、少しずつ対処の仕方がつかめてきたような感覚があります。

「一人で抱え込んでシャットダウン」を回避するためには

人の頭はしばしば、CPU、HD(ハードディスク)、メモリからなるパソコンの構造にたとえられます。CPUとは演算能力、つまり回転の速度を指します(これが高いほどひとつの作業にかかる時間は短縮します)。HDは記憶の容量、言い換えればデータを保存しておける引き出しの大きさを表すものです。メモリは作業デスクのようなもので、これが大きいほど一度に複数の作業が可能となります(ここまで話題にしてきた処理能力とは、このメモリに近いイメージのものだと思います)。

CPU、ハードディスク、メモリのイメージ

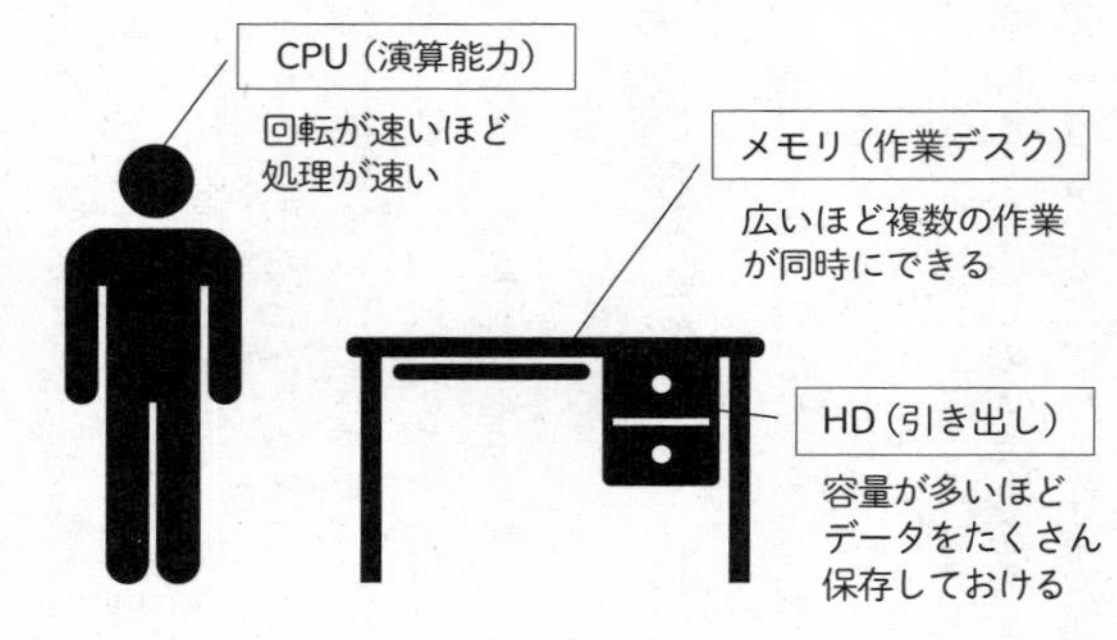
CPU（演算能力）
回転が速いほど
処理が速い
メモリ（作業デスク）
広いほど複数の作業
が同時にできる
HD（引き出し）
容量が多いほど
データをたくさん
保存しておける

それぞれの能力やバランスは人によって違うだろうし、パソコンと違って数値化して把握・比較できるようなものでもありません。ここまで「シングルタスク」と呼んできたものはおそらく、作業デスクがひとつの緊急事案によって占拠されている状態なのだと思いますが、それはメモリ不足によって引き起こされているものなのか、そもそもデスクの大きさに見合わないタスクを置いてしまっていることが問題なのか、あるいは演算能力が低いために作業が渋滞してしまっているだけなのか、いろいろ可能性は考えられますが、状況によっても変わるわけで、原因を正確に把握することは難しいでしょう。

しかし、これらのイメージをベースに、自分のキャパシティを知り、自分の状態を常に観察・把握していくことは可能だと思われます。私の場合、まず自分はひとつの作業にどれだけ時間を要する

のか、ストップウォッチで計ってみました。また、一日の中でどのくらい集中できる時間があるのか、どのくらいの仕事量ならこなせるのか、どういう順序でやれば効率が上がるのかなど、メモを取りながら客観的に把握することを試みました。

その結果、自分のスペックや問題点が見えてきました。私は悲しいかなCPUもメモリも性能がイマイチであるにもかかわらず、自分の能力以上の仕事をこなせるという自己イメージ、あるいはこなしたいという欲望を持ってしまっていることが原因で、すぐにキャパオーバーとなってシングルタスクのほったらかし状態に陥る……という構造が浮かび上がってきたのです。

現在も解決にはほど遠い状況ですが、こうやって自分自身のことを把握できたおかげで、「これ以上は厳しいかも」「今は完全にジャグリング状態になってるな」と自覚できるようになってきました。

返事がうわの空になる、連絡がおろそかになる、約束を果たさない、頼まれごとを忘れる、作業に無駄が多い……これら自体も確かに問題ではありますが、相手からしたら「本人にその自覚がない」「いつまでその状態が続くのかわからない」「どう対応すればいいのかわからない」といったことのほうがはるかに厄介な問題です。だとすると、トンネリングやジャグリング状態に陥っていることを自覚し、それを相手に素直に申告し、状況を共有してもらった上で一緒に対応を考えていくのが差し当たっての解決策と言えそうです。

一人で抱え込んだままキャパオーバーを引き起こし、すべてをほったらかして心をシャットダウンし、自分のメンタルをどんどん悪化させ、周囲にも迷惑をかけまくる——。最も避けたいのは、こういった事態に陥ることではないでしょうか。

シングルタスク問題の根本的な解決策はわかりませんが、こうなる前に手を打てるようになることはきっとできるはず。私もまだまだ道半ばですが……まずは「自分自身のモニタリング」「ほったらかし癖からの脱却」をともに目指していけたらうれしいです。

教えて、先生！

テーマ

「ハゲ問題」

男性なら誰しも、一度は「ハゲ問題」を気にしたことがあるはずです。それはおそらく、単に「毛が薄くなる」以上の何かがあるからではないか……。そこで、この問題を社会学の観点から研究し、『ハゲを生きる——外見と男らしさの社会学』を書かれた昭和大学准教授の須長史生さんにお話を伺います。

須長史生（すながふみお）先生

1966年東京都生まれ。昭和大学准教授。専門はジェンダー論。1999年、東京都立大学社会科学研究科後期博士課程退学。著書に『ハゲを生きる——外見と男らしさの社会学』（勁草書房）がある。最近は、性的マイノリティに対する偏見と「男性性規範」の関係や、定年後の男性の「男性性の変容」をテーマとしている。

男性が異様に執着する「ハゲ問題」

清田　桃山商事では、女性たちから「妊娠のリミット」に関するお悩みをよく耳にします。彼女たちは「20代半ばくらいになると、身体の中でタイマーが作動したような感覚になり、恋愛や結婚に焦りが生じてくる」と言います。しかし一方で、彼女たちと交際する男性側はその感覚を理解できず、それが原因ですれ違いが起こるというケースを何度も見聞きしました。

須長　確かによく起こりそうなことですね。

清田　思うに我々男性というのは、月経をはじめ妊娠・出産の機能がないことや、美容意識を植え付けられないジェンダーということもあって、女性に比べると身体への意識が圧倒的に低いですよね。多くの男性は身体のケアをほとんどしないし、自分はいつまでも若くて健康だと思っている節がある。仮に太っても体力が落ちても「運動すれば元に戻る」という意識だし、自分がいつか死ぬなんて考えもしない……そうした楽観的な男性が多い印象を受けます。しかし、そんな中にあって男性が異様なまでに固執するのが毛髪、つまり「ハゲ」の問題ではないかと思うのです。

須長　男同士の会話にはハゲの話題が本当によく出てくるんですよね。このシャンプーがいいとか、「1本抜いたら2本生えてくるらしい」とか（笑）。不思議な文化現象だと思います。私がこのテーマを研究しようと思ったのも、「なぜこんなにも男はハゲにこだわるのだろうか？」という素朴な疑問からでした。

清田　かくいう自分も、高1のときにクラスの男子から「お前てっぺんヤバくね？」と言われて以来、常につむじ付近の動向が気になるようになりました。頭頂部に時限爆弾が埋め込まれているような感覚があり、作動し始めたら一巻の終わりだ……とビクビクしています。須長先生は著書の中で、そんなハゲ問題を「男性性」や「男らしさ」といったものと絡めて論じられています。こういった視点で研究を始めたきっかけはなんだったのでしょうか。

須長　端的に言うと、ハゲをめぐる言説が非常にジェンダーバイアスのかかった状況になっていると感じたからです。例えば一般的に「ハゲは女性にモテない」ということが語られ、ハゲは〝スティグマ（＝負の烙印(らくいん)）〟として扱われます。しかし、この社会には「男は外見など気にしてはならない」というジェンダー規範もありますよね。そうすると男性は、ハゲを気に病んでしまう一方で、そうやって外見的コンプレックスを隠そうとすること自体がさらなるスティグマになってしまう。そういう、いわば〝手足の縛られている状態〟を社会学的に考察してみたいと思ったのがそもそもの動機です。

清田　確かに、薄くなった部分を隠すための髪型は「スダレ」「バーコード」などと呼ばれて揶揄の対象になってしまうし、仲間内の会話やメディアの記事なんかでも、「○○さんはカツラ疑惑」「○○さんは植毛してるらしい」みたいなことがよく話題にのぼったりしますもんね。

須長　隠したり誤魔化したりするのは男らしくない、ということなんでしょう。そもそも、男性の頭髪が薄くなるのは、白髪や肌のたるみ、体力の衰えなど、「加齢にともなう身体の変化」を示すありふれたパターンのひとつに過ぎません。本来なら、これに否定的な評価を下すのは〝外見差別〟以外の何ものでもないわけです。しかし、嘲笑する側はその対象を「ハゲそのもの」ではなく、ハゲを気にする〝マインド〟や隠そうとする〝不自然さ〟にスライドさせることで巧妙に正当化しているという側面がある。

清田　なるほど……。そこで登場するのが、「気にするな」「堂々としていればいい」という前向きなアドバイスを装った〝ポジハゲ論（＝ポジティブ・ハゲ論）〟というわけですね。

外見差別を正当化するポジハゲ論

須長　ポジハゲ論というのは、私が『ハゲを生きる』を出版した1999年当時からハゲをめぐる言説において支配的な考え方でした。この状況は現在に至るまで更新されていません。

清田　個人的に思い浮かぶのはお笑いコンビ「トレンディエンジェル」のボケ・斎藤司で、薄毛を気に病むことなく、むしろ笑いに変えるなどポジティブに活用している点が人気の秘訣という感じがします。これぞ典型的なポジハゲ論だと感じます。
須長　そうですね。「ハゲはハゲそのものでなく、それを気にすることがモテない要因だ」「そこから脱却するには、気にしないこと、ポジティブになることが第一歩だ」という論法がポジハゲ論の特徴であり、この社会に根深く浸透しています。
清田　確かに納得できる部分もあるんですが、先生は著書でポジハゲ論の問題点を指摘されていましたね。
須長　ポイントはふたつあって、ひとつは先ほど言った「論点のスライドによる差別の正当化」です。「気にすることがダメなのだ」という論理展開にすると、ハゲは〝本人の努力次第で克服できる問題〟となりますよね。こうやって自意識の問題にスライドすることで、「ウジウジ気にするのが良くないのだ」という言説に置き換えることができ、差別意識を持たずにハゲを攻撃することが可能になるわけです。
清田　こういう論法を取られちゃうと、相手に悪気がない分、言われた方も違和感や苛立ちを表明しづらくなりますよね。無意識の暴力という感じがして恐ろしい……。
須長　もうひとつは、男性を「ハゲていても堂々と振る舞える人（＝強者）」と「それができない人（＝弱者）」に仕分けしてしまうという問題です。全員がトレンディエンジェルの斎藤さんみたいになれたらいいですが、外見のコンプレックスを逆に強みとして生かしたり、仕事や趣味など別領域で獲得した自信によって乗り越えたりできる人はごく一部でしょう。もっとも、斎藤さんだって悩んでいないとは限りませんよね。結果的に乗り越えられたとしても、そのための負担や忍耐を当人に強いること自体がポジハゲ論の問題点だと思います。
清田　なるほど。強者と弱者に二分されてしまうと、ただでさえ気に病んでいる人に対し、「メンタルが弱い」「もっと努力しろ」といった眼差しが向けられかねないですもんね……。

須長　そうなんですよ。それゆえ、ポジハゲ論はハゲ問題を乗り越えるための解決策にはならないというのが私の考えです。

「ハゲたら女性にモテない」は本当なのか

清田　『ハゲを生きる』は、ハゲ経験を持つ15人の男性に対するインタビューをもとに構成されていますが、ハゲに対する男性の心情を大きく3つに分類されていました。

須長　「老化への寂しさ」「早すぎる抜け毛（若ハゲ）への動揺」「女性にモテなくなることへの不安」という3つですね。

清田　男性が老いや衰え、あるいは須長先生の言う〝不可逆性（＝元に戻れないこと）〟や〝隠蔽困難性（＝隠すのが難しいこと）〟をここまでモロに体感する機会って、ハゲ以外にあまりないですもんね。女性たちの恋バナを聞いていると、現実と向き合わず、チャレンジを避け、具体的な決断を下さないことで見栄やプライドを保とうとする男性の話がよく出てきます。これはAV監督の二村ヒトシさんが「インチキ自己肯定」という言葉で指摘している問題でもあるんですが、ハゲというのはそれができないからこそ、男性をこんなにも震え上がらせるのかもしれませんね。

須長　それともうひとつ、「女性にモテなくなることへの不安」も根深い問題ですよね。私が行ったインタビュー調査でも、男性たちは「ハゲると女性にモテない」「ハゲると女性に対して恥ずかしい」という強固な意識を持っていました。しかし実際には、ハゲを理由に女性にフラれたとか、女性から直接ネガティブなことを言われたという人はいなかった。よく考えると、これって不思議なことだと思うんですよ。

清田　どういうことですか？

須長　世の中には、確かにハゲた男性が苦手という女性だっているとは思います。でも、それが女性の圧倒的多数を占めているというエビデンスはどこにもありません。女性から直接差別を受けたという体験に根ざしているわけでもないし、女性がハゲを理由に男性を嫌う実証的な裏付けもない。つまり、ここで想定されている女性の視線というのは〝フィクション〟なんですよ。

清田　なるほど……。僕の中にも「ハゲたら女性にモテない」という恐怖はありますが、言われてみれば確かに、その女性というのは抽象的な存在を想定しているような気がします。事実、僕は中高6年間男子校に通っていて、ほとんどまともに女子と会話したことがなかったにもかかわらず、「ハゲたら女子にモテない」と強く思い込んでいました。

須長　フィクションというのは、要するに「根拠が問われずに存在し続ける」ということです。だから仮に、誰か具体的な女性が「私はハゲが好き」と言ったとしても、「ハゲたら女性にモテない」という思い込みが覆ることはない。これはなかなか厄介なことだと思います。

清田　ホントそうですね。「彼氏のハゲ頭を触ったらキレられた」という女性の話を聞いたことがありますが、恋人ができたところでハゲを気に病むマインドがなくなるわけではないというのは、よく考えたら不思議な話ですよね。

須長　実は、そのフィクションの視線というのは〝男性によって〟生み出され、男性同士のやりとりの中で利用されているものなんですよ。

男子の「からかい」コミュニケーション

清田　フィクションの視線を利用するとは、須長先生が著書の中で「男性同士のからかい」や「人格テスト」と呼んでいたものですよね。これは具体的にどういうものを指すのでしょうか。

須長　例えば清田さんは、高校時代に男友達から「お前てっぺんヤバくね？」と言われていますよね。そのときってどうしたんですか？

清田　正直どう対処していいかわからなかったです。自分のつむじ付近がどんな感じかわからなかったので、強気に「ヤバくねーし！」とは否定できなかったし、もしホントに薄くなってたとしたら、否定するだけ痛々しい感じになってしまう。逆に笑えるリアクションで上手に切り返すこともできず……なんか、ヘラヘラ薄ら笑いを浮かべながらフリーズしてしまったのをよく覚えています。

須長　その男友達は「ヤバい」という言葉を使っていますが、その背後にあるのが「ハゲたら女性にモテない」という根拠です。そのため、攻撃する側は自分が外見差別をしているなんてまるで考えず、むしろ「忠告してやってる」くらいに思っている可能性すらある。そうやって男性たちはフィクショナルな女性の視線を巧みに利用しているわけです。

清田　なんだか思い出して腹が立ってきました。

須長　清田さんがフリーズしてしまったのもしょうがないし、そもそも、仮につむじ付近が薄くなっていたとしても、それを誰かが揶揄していい理由などどこにもありません。なので無視すればいいし、場合によっては怒ったっていいわけです。しかし厄介なのは、それが「遊び」や「戯れ」のような顔をして飛んでくることです。

清田　そうなんですよ！　確かにムカついたんですが、そこで怒っても「ただのジョークじゃん（笑）。なにマジになってんの？」という感じになるだろうなって。

須長　「イジり」にも近いものですよね。これは男子に多いコミュニケーション様式なんですが、友達同士でなにかと攻撃し合うんですよ。服が汚いとか、寝癖がついてるとか、なんでもやるんですけど、その際にうまく切り返すことによって、笑いが生まれ、自分のポジションが上がっていったりする。男性にはそうやって友達関係を維持していく傾向がありますよね。

清田　そうですね。自分にもそういった側面が多分にあると思います……。服がダサいとか、鼻毛が出てるとか、なんかしらネタを見つけてディスり合うというのは、確かに男同士のコミュニティでは日常茶飯事かもしれません。

須長　そして「ハゲ」というのは、その文脈において恰好（かっこう）の攻撃材料（＝からかいのネタ）なのだと思います。ネタが際どくなるほど、逆に「それを指摘できちゃうくらい俺たちは仲良しだぜ」というアピールになるので。

ディスり合いの中で「存在証明」を得る

清田　そもそも、なぜ男同士というのはそういったコミュニケーションを図ろうとするんですかね。って、自分も近しい男友達には結構やってしまうので、他人事では全然ないんですが……。

須長　単に楽しいからというのもあると思いますが、ひとつは「テスト」的な意味合いですよね。つまり、ちょっとした攻撃を仕掛けてみて、相手が堂々と怯（ひる）まないやつかどうか、あるいはおもしろい切り返しをできるやつかどうかといったことを試している。それが互いの評価や友達としての親密さに影響を与えるため、私はこの行為を「人格テスト」と呼んでいます。

清田　確かに、予想を超える返しが来たりすると、「お前おもしろいな！」ってなりますもんね。

須長　もうひとつは「存在証明」のためです。私の尊敬する社会学者の奥村隆さんは、『「思いやり」と「かげぐち」の体系としての社会』という論文の中で、「人間が生きていくうえで最も重要な問題のひとつ」として〝自己の存在証明〟を挙げています。これは要するに、自分は価値ある人間だと証明したい、認められたいという気持ちのことですね。奥村さんはこの論文の中で、人間はできるだけ安全かつ確実に相互承認を確保するために「思いやり」という制度を発明したと述べています。でも、思いやりだけだと自分が認められているという感じが得られない場合もありますよね。

清田　なんとなくSNSの「いいね！」を連想しました。誰にでも「いいね！」する人の「いいね！」だと、正直ちょっと喜びが薄かったりするなあと（笑）。

須長　欺瞞（ぎまん）の匂いというか、なんでもかんでも認め合うというのは端的に言って退屈です。そうなると、どれが本当の承認なのかわからない。つまり、思いやりが氾濫すると真実性と稀少性が低下していくわけです。奥村さんは、それを担保するひとつの方法として「かげぐち」を挙げています。これは「ここだけの話だけど」「あなただけに言うけど」というアプローチでリアリティを担保する方法で、どちらかというと「女性的」な存在証明のあり方のように感じます。

清田　グループLINEで複数の人と平和な会話を展開しつつ、同時並行で仲良しの友達と個別にやりとりして誰かの陰口をリアルタイムで言い合う……という女子の話を聞いたことがありますが、まさにその構造かもしれません。

須長　一方で、これとは異なるアプローチで相互承認していくのが、からかいや人格テストです。適度に攻撃し合いながらも、それを上手に切り返したときの実感や、その結果として得られる仲間からの承認というのは確かなリアリティがある。そうやって存在証明を得ていくやり方です。

清田　度胸試しや無茶振りといったコミュニケーションも、そういうもののひとつですよね。

須長　ただし、これらはあくまで〝遊び〟という文脈で行われるべきものです。「役割の互換性」が失われたり、「相手を叩きのめす意思」が存在したり、「過程自体の楽しさ」がなかったりしたら遊びではなく〝いじめ〟になってしまう。

清田　そう考えると、ハゲがネタになる場合、仕掛ける側は遊びのつもりでも、受ける側はいじめに近い感覚を覚える……なんてすれ違いが生じる可能性はありませんか？

須長　まさにそうですね。そこが一番の問題点だと思います。

なぜ攻撃のネタになってしまうのか

清田　からかいや人格テストといった行為は、ある種の〝予定調和〟を崩す刺激的なコミュニケーションだと思います。そして、「俺はここまで踏み込めるぜ」「俺はこんな予想外の切り返しができるぜ」みたいなやりとりの中で互いに存在証明を得ていく、というのも確かにあることだと思います。でも、キャラや役割が固定しちゃうと、その関係から抜けられなくなりますよね。常にこの流れでイジりが入って、こういうリアクションを取って、それでワンセットのコミュニケーションになっちゃう……みたいな。からかってる側は楽しいかもしれないけど、受けてる側はウンザリしている可能性も高いなと。

須長　そうですね。「ハゲ」という要素はその恰好のネタになってしまうわけですが、そこには「男らしさ」に関わるいくつかの理由があると思われます。まずひとつは、「他者を攻撃すること」自体が男らしさの証明になるという点。からかう側、イジる側に立つというのはイコール「強者のポジションに立つ」ということなので、ハゲをイジること自体が男らしい行為となってしまうわけです。

清田　有吉弘行や坂上忍みたいなバラエティ司会者って、そんなタイプのような気がします。

須長　もうひとつは、ハゲを攻撃することによって、「俺はハゲじゃない」ということを暗に表明できるという点です。そうやって間接的に「自分は優位な側、マジョリティの側にいますよ」とアピールできるわけです。さらにそれが集団内で行われると、ハゲた男性をイジることによって、その他全員が「ハゲてない俺たち」ということを確認でき、それが男同士の連帯につながっていくという側面もあります。

清田　いかにもホモソーシャル……。そう考えるとイジりってホント最悪ですね。誰だって攻撃される側にまわりたくないわけで、それゆえ男はハゲること、つまり「イジられる側になること」を異様なまでに恐れているのかもしれませんね。

須長　ハゲ以外にも、「チビ」とか「デブ」とか「マザコン」とか「足が遅い」とか、いろんな要素で男性たちはからかいや人格テストを仕掛けている。こうやって考えると「そんなもの相手にしなければいいのでは？」とも思うわけですが、それが存在証明に関わる行為である以上、簡単に離脱することができない。無視をすれば「逃げた」ということになってしまう。だからそのゲームに参入せざるを得ない。なかなか厄介な構造です。

清田　バラエティ番組なんて完全にその文法で動いてる世界ですよね。イジりを上手に切り返せなかったら、そいつが悪いという空気になってしまう。コミュニケーション能力が問われ、「機転が利かない」「準備が足りない」といった感じで評価されちゃうし、最近はアイドルや文化人ですらそれを要求されますからね……。

須長　いわゆる〝芸人化〟ですよね。教えている学生たちを見ていてもその傾向は感じます。ただ、こと「ハゲ」という現象に関して言えば、少しずつ変化の兆しも見える。というのも、全体的に学生たちのコミュニケーション能力が上がっているのと、あと男子の中にも褒め合いや助け合いの中で存在証明を行っていく文化が育っているというのもあり、ハゲをネタに攻撃するということは減っているような印象です。そんなことをしたら「空気の読めないやつ」となり、逆に排除の対象になりかねない。もちろん、ここには社会学者の土井隆義さんが言うところの「友達地獄」的な苦しさもあるんですが、個人的には、〝競争や攻撃を基調としないホモソーシャリティ(=男同士の連帯のあり方)〟みたいなものが若い世代から作れるのではないかという期待はあります。

清田　「男らしさ」のあり方が少しずつ変わってきているのかもしれませんね。

須長　最後に、これは学生にもよく言うことなんですが、本来は髪が薄くなっても努力する必要なんてないんですよ。でも、もし何か対処していこうとするならば、「プロの技術を頼る」のが一番です。ハゲというのは、そのこと自体よりも、むしろそれが〝強烈な外見〟になっているために目立ってしまうのだと思います。逆に言えば、センスやバランス次第でいくらでもカバーできる。

清田　なるほど。技術論になると救いがありますね！　確かに竹中直人や所ジョージなど、髪が薄くなっていても不格好な印象を与えない男性のモデルって結構いますもんね。

須長　横の髪を刈り上げるとか、ソフトモヒカンっぽくするとか、脱色するとか、全体のボリュームをふわっと仕上げるとか……やり方はいろいろあるはずです。美容師や女友達など、自分よりも外見のセンスがいい人に頼るというのもひとつの手だと思います。また、最近は保険適用の医療機関も増えているので、そういった場所を利用することもオススメです。

清田　「隠す」か「開き直る」の極端な2択だけでなく、いろんなつき合い方が出てくるといいですよね。

おわりに

私が「ジェンダー」という言葉を理解したのは、30代に入ってからのことでした。それまでは正直「学問の1ジャンルかな？」くらいの認識でしたが、女性たちの恋バナを聞き続ける中で徐々に「男と女では見えている景色がまったく違うかも……」と考えるようになり、背景にジェンダーの問題が存在していることに、遅まきながら気づくに至りました。

この社会では「男だから」「女だから」というだけの理由でさまざまな区別や決めつけがなされています。例えば「男は弱音を吐いてはならない」とか、「女は料理ができなければならない」とか、そういう圧力や風潮を感じた経験は誰にだってあるだろうし、それが自分の中に根深く染み込み、他者に対して押し付けてしまうことも結構あると思います。ルールやシステム自体に男女差が組み込まれていることもザラで、それらは空気のようにあちこちに偏在しているため、私たちは知らず知らずの内に影響を受けてしまう……。こうして〝社会的に〟形成されていく性差、それがジェンダーというものだと思います。

本書では、さまざまな女性たちから聞かせてもらった「男に対する不満や疑問」を元に、そこから見える男性の問題点について考えてきました。何ごとも適当で大雑把な男とか、イキるくせに行動が伴わない男とか、個人的にも嫌だなって思います。しかし、悲しいかなそういった側面は自分の中にも確実に存在していて、そこを掘り下げてみると、「これは個人的な性格によるものだな」「この部分に関しては環境からの影響も大きいかも」といった感じで、自分自身について深く知るきっかけになりました。

世の中には「男は論理的、女は感情的」なんて俗説が流布していますが、はたして本当にそうでしょうか。そもそも「論理的」とはどういうことでしょうか。例えば痴漢の撲滅や女性専用車両の重要性を訴える女性に対し、「俺を痴漢と一緒にするな！」「男だってえん罪被害がある！」と反論する男性が多いのですが、理屈で考えるならば、女性に被害を与えているのも、男性にえん罪の恐怖をもたらしているのも、すべて「痴漢をする男性」なわけで、物申すべき相手はこちらということになるはずです。もちろん疑いの目を向けられるのは嫌なことですが、わき起こる感情といったん距離を取り、そこにある理路に沿って話を進める。もちろん感情も超大事なので、できるだけ詳細に言語化し、冷静かつ丁寧に相手に伝えていく。「論理的」とはおそらくこういった態度のことを指すのだと思います。

女性たちの語るエピソードには、耳をふさぎたくなるものや、「俺は違うよ！」と言いたくなるものもありましたが、その気持ちをグッとこらえ、可能な限り論理的に向き合う

ことを心がけました。自分の残念な部分が浮き彫りになって落ち込んだりもしましたが

……それが自分という人間の現在地なのだと認め、ここから出発するしかありません。

なお、我々が恋バナを聞かせてもらうのはアラサーから30代後半の女性が多いことを考えると、エピソードの中に出てくるのも、恋人や夫だったら同じくらいの世代、先輩や上司になるとアラフォーから50代ということになるかと思うので、もしかしたら現在の10代後半や20代前半の男性たちには当てはまらない話も多いかもしれません。そのあたりの世代差に関しては、今後も引き続き取材を続けていきたいと思っています。

よかれと思ってやったことが裏目に出るのは悲しいし、無知や無自覚によって大切な人から絶望されてしまったらそれは悲劇です。私も幼少期から男子っぽいカルチャーに苦手意識を抱いていたはずなのに、中高6年間の男子校時代に内面化してしまった男らしさの呪縛が30代になるまで抜けず、本書で紹介してきた数々の失敗をやらかし、大切な恋人や友達を失い、男らしくなれない自分に苦しみ続けたりもしました。でも、ジェンダーの問題を考えるようになってからはそれらが緩和され、自分らしい生き方ができるようになった気がします。サブタイトルには「失敗学」とあり、全体的に男性に反省や内省を強いるような本になってしまって恐縮ですが……本書がオトコ研究の一助になり、男性にとっては自分自身を振り返るための一冊に、女性にとっては「私が感じていたのはまさにこれ！」とモヤモヤを晴らすような一冊になれたら幸いです。

最後になりますが、こうして書籍にまとまるまで多くの方々からご協力をいただきました。単行本の担当編集である晶文社の小川一典さんとは何度もミーティングを重ね、本書の骨格を一緒に作ってもらいました。また、なかなか進まない原稿を仏のような優しさで辛抱強く待ってくださり……小川さんなしではこの本は絶対に完成しなかったと思います。

本書に素晴らしいイラストと漫画を描いてくださった死後くんと、表紙から中身まで素敵なデザインに仕上げてくれた佐藤亜沙美さんにも感謝の気持ちしかありません。一歩間違えば説教くさい本になってしまうところを、お二人の力でコミカルかつ親しみやすい一冊に仕上げていただきました。「教えて、先生!」で貴重なお話を聞かせてくれた金子雅臣さん、村瀬幸浩さん、前川直哉さん、中村正さん、須長史生さん、「wezzy」でこれらの元となった連載を担当してくれた矢田佐和子さんにも感謝を申し上げます。

単行本版に背筋の伸びる帯文を寄せてくださった上野千鶴子さん、本当にありがとうございました。ジェンダーやフェミニズムを専門的に学んだことがない自分にとって上野先生の著書は教科書のような存在だったので、帯文をいただけるなんて感激しかありません。

長い謝辞が続いて恐縮ですが、あとちょっと……。いつも桃山商事として一緒に活動している森田専務、ワッコ係長、佐藤広報にも感謝しております。特に「謝罪」や「シングルタスク」の問題などは森田から教わった視点や参考図書に依拠するところが大きく、この本を書けたのはひとえに仲間たちのおかげだと思っています。同時期に出版された桃山商事の著書『モテとか愛され以外の恋愛のすべて』(イースト・プレス)もよろしくお願いします(宣伝)。そして取材や原稿チェックを通じて貴重な意見をくれた妻や友人たち、これまで恋バナを聞かせてくれたすべてのみなさんにも感謝を捧げます。ありがとうございました!

文庫版あとがき

本書の単行本版が出版されたのは2019年の夏で、あれから4年の月日が経ちました。早いですね。恐ろしいですね。私はその後、双子の親となって40代に突入し、育児とコロナ禍によって暮らしがびっくりするほど一変しました。『よかれと思ってやったのに』は私にとって初めての単著であり、今となっては懐かしさすら感じる過去の思い出……には全然なっておらず、それどころかむしろ、ここで取り上げた問題の数々は、生活のほとんどを家族と在宅で過ごすことになったこの4年間、自分自身にとって常に切実な課題であり続けました。

消毒や手洗いを怠ることが命の危険につながりかねないコロナ禍において、「何ごとも適当で大雑把」はもはや笑えない問題になってしまったし、妻の妊娠やつわり、出産や産後ケアといった状況を経験する中で、「女性の身体について無理解」のままでは到底パートナーとしての責任を果たせないことを痛感しました。体力も精神力もギリギリの状態で回していかざるを得ない子育ての日々においては、「小さな面倒を押し付けてくる」や

「決断を先延ばしにする」がケンカの火種になっていくことは火を見るより明らかだし、他者と長い時間を共にする状況において、「人の話を聞かない」「謝らない」「すぐ不機嫌になる」「話し合いができない」などは離婚の原因に直結していく問題であることを生々しく感じました。

社会的な文脈においても、例えば「プライドに囚われる」「身体のことを考えていない」などは、自分自身の内なる声に耳を傾けないという意味において、近年注目される〝セルフケア〟の問題ど真ん中だなって思うし、今なお様々な業界で立場や名のある男性たちが性加害によって告発されていますが、その背景には「何かと恋愛的な文脈で受け取る男たち」で考えてきた問題が色濃く関係しているように感じます。さらには、「男同士になるとキャラが変わる」「上下関係に従順すぎる」に代表されるホモソーシャルの問題は、大企業や官僚組織で頻発している忖度の連鎖や不祥事の隠蔽といったものと無関係ではないはずです。

私は『よかれと思ってやったのに』を書いたあと、ジェンダーにまつわるいくつかの本を出す機会に恵まれました。2020年には私自身の男性性について掘り下げた『さよなら、俺たち』(スタンド・ブックス)を、2021年には10人の男性たちに身の上話をインタビューした『自慢話でも武勇伝でもない「一般男性」の話から見えた生きづらさと男らしさのこと』(扶桑社)、背後にジェンダーの問題が絡む恋バナを紹介していく桃山商事としての著書『どうして男は恋人より男友達を優先しがちなのか』(イースト・プレス)の2冊を、2022年にはジェンダー研究者との対話を通じて男性性の問題を考えた澁谷知美さんとの共編著『どうして男はそうなんだろうか会議——いろいろ語り合って見えてきた「これからの男」のこと』(筑摩書房)を、そして今年の初夏には『おしゃべりから始める私たちのジェンダー入門——暮らしとメディアのモヤモヤ「言語化」通信』(朝日出版社)というエッセイ集を出版しました。この間、男性性をめぐる社会的な状況も少しずつ変化してきたように感じます。

ざっくり言えば、本書は男性に「反省」や「自己省察」を促すような内容になっています。これは『さよなら、俺たち』にも共通している方向性ですが、我々男性の無知や無自覚、当事者意識の欠如といったものが女性たちにとって不満や疑問の種になっている現実があり、それを認めるのはつらいけど、いったん直視して〝見たくない自分〟と向き合ってみよう、そして無意識の偏見や固定観念を正していこう——という態度に貫かれています。

2019年や2020年頃は「有害な男性性」や「男性特権」といった言葉がSNSで盛んに議論されており、本書の持つ「男性が男性性の問題を当事者として内省する」というアプローチがその流れと呼応し、自分が想像していたよりはるかに話題にしていただいた感覚があります。しかしその後、男性の加害者性と被害者性が複雑に絡み合っていることや、問題の背後に格差や能力主義といった要因が関与していることなどが注目されるようになり、そういう中で本書にも「男性たちに内省を求めすぎるのも酷」「個人の問題にしてしまうと自己責任論に陥ってしまう」「そもそも男女二元論でジェンダーを語るのは乱暴」など様々な批判の声が届きました。

本書が扱ってきた〝男たちの失敗学〟には「個人個人の態度や心がけ」と「それを生み出す社会構造」の両側面があり、確かに後者の視点が不足していたな……と思い至り、その後の著書ではできるだけ広い視点から男性問題を考察していくことを心がけました。その一方で、恋愛相談や恋バナ収集の現場では今なお本書で紹介したようなエピソードが圧倒的な〝あるある〟であり、夫婦や恋人、職場の人間関係など、様々なところで不和やすれ違いの原因になっていることもまた事実です。まずはそういった問題に対する処方箋として、また相互理解のための参考資料として活用してもらいながら、徐々に背後の社会構造へと問題意識をつなげていく一助になれたらというのが、文庫版『よかれと思ってやったのに』に込めた思いです。

最後に、『よかれと思ってやったのに』の文庫化にあたって様々な方のお世話になりました。文庫版の担当編集である双葉社の中村朱江さんとはもう長い付き合いで、真面目で内気でシニカルで、社会に対する激しい怒りを内側に湛(たた)えつつ、人生のままならなさをおもしろおかしい言葉で語ってくれる個性的な年下の友人でしたが、こうして一緒に仕事をさせてもらうにあたり、加筆修正の提案がどれも恐ろしいほど的確で納得度が高く、ほとんどそのまま採用させてもらったほど頼りになる存在でした。また、文庫化を快諾してくれた晶文社の小川一典さん、単行本版に引き続き本書をポップかつユーモラスな一冊に仕上げてくれた佐藤亜沙美さんと死後くんにも重ね重ね感謝を申し上げます。そして文庫版に帯文を寄せてくれた荻上（おぎうえ）チキさん、本当にありがとうございました。ラジオなどでは常に冷静沈着なイメージのある荻上さんの体温を感じるような一文で、めちゃくちゃうれしかったです。

ジェンダーは「社会的・文化的に形成される性差」とも訳される言葉で、いつ、どこで、何から、どのくらい影響を受けて内面化してしまうものなのか、とてもわかりづらいのが厄介なところです。そういうものに対しては、「あのときこんなことがあったよね」「自分はこんな気持ちだった」「なぜあんなことを言っちゃったんだろう」「もしかしたらこういうことだったのかもね」なんて感じで、うねうね対話を重ねながら、輪郭を浮かび上がらせるような感じで向き合っていくのがいいのではないかと、個人的には考えています。男女問わず、この本がみなさんのおしゃべりを活性化するきっかけになれたらと願ってやみません。またどこかでお会いできたらうれしいです。ではでは！

本作品は二〇一九年七月、晶文社より刊行されました
単行本を加筆修正し、文庫化しました。

双葉文庫

き-37-01

よかれと思(おも)ってやったのに

男(おとこ)たちの「失敗学(しっぱいがく)」入門(にゅうもん)

2023年9月16日　第1刷発行

【著者】

清田隆之(きよたたかゆき)

【発行者】

箕浦克史

【発行所】

株式会社双葉社

〒162-8540 東京都新宿区東五軒町3番28号

［電話］03-5261-4818(営業部)　03-5261-4833(編集部)

www.futabasha.co.jp(双葉社の書籍・コミックが買えます)

【印刷所】

中央精版印刷株式会社

【製本所】

中央精版印刷株式会社

【フォーマット・デザイン】

日下潤一

ISBN978-4-575-71498-2 C0195
Printed in Japan

双葉文庫　好評既刊

ひそかに胸にやどる悔いあり

上原隆

大好きな彼女に別れを告げた男性書店員の未練。ギャンブルで全てを失い看板として道端に立つ男の小さな見栄。妻が産んだのは他人の子。それでも父親になりたかった夫の告白。留学の直前に愛娘を殺害された両親が語る在りし日の姿。消えぬ後悔を胸に、それでも人は今を生きている。市井の人々の話に耳を傾け、リアルな姿を書き続けた著者の傑作ノンフィクション・コラム。解説・清田隆之